Orixás
Seguranças, defesas e firmezas

Evandro Mendonça

Orixás
Seguranças, defesas e firmezas

© 2017, Editora Anúbis

Revisão:
Flávia Venezio

Diagramação e capa:
Edinei Gonçalves

Dados Internacionais de Catalogação na Publicação (CIP)
(Câmara Brasileira do Livro, SP, Brasil)

Medonça, Evandro
　Orixás: seguranças, defesas e firmezas / Evandro Medonça.
– São Paulo: Anúbis, 2017.

ISBN 978-85-98647-09-8

1. Orixás 2. Umbanda I. Título.

13-02736　　　　　　　　　　　　　　　　　　CDD-299.60981

Índices para catálogo sistemático:
　1. Orixás : Umbanda :
　　Religiõesafro-brasileiras　299.6098

São Paulo/SP – República Federativa do Brasil
Printed in Brazil – Impresso no Brasil

Este livro segue as novas regras do Acordo Ortográfico da Língua Portuguesa.

Os direitos de reprodução desta obra pertencem à Editora Anúbis. Portanto, não é permitida a reprodução total ou parcial desta obra, de qualquer forma ou por qualquer meio eletrônico, mecânico, inclusive por meio de processos xerográficos, incluindo ainda o uso da internet, sem a permissão expressa por escrito da Editora (Lei nº 9.610, de 19.2.98).

Distribuição exclusiva
Aquaroli Books
Rua Curupá, 801 – Vila Formosa – São Paulo/SP
CEP 03355-010 – Tel.: (11) 2673-3599
atendimento@aquarolibooks.com.br
Impressão e acabamento: Mark Press Brasil

Dedicatória

Esta décima obra eu quero dedicar em especial aos meus orixás Xangô Aganjú Deí e Oya Lajá, por toda justiça, equilíbrio, segurança e ensinamentos que eles têm me dado.

Que esse machado e essa espada possam estar sempre ao meu lado, junto com seus trovões, raios e relâmpagos, livrando-me de toda a injustiça material e espiritual.

Kaô Kabecilê, meu Pai Xangô, Epaiêio, minha Mãe Oyá

Sumário

Introdução	8
Bará, Elegbará, Léba, Exu	12
Ogum	27
Oia, Iansã	41
Xangô	53
Odé, Oxóssi	62
Otim	71
Logun edé	80
Obá	89
Ossain	101
Xapanã, Omolu, Obaluaiê	111
Oxum	120
Iemanjá	130
Oxalá	139
Trabalhos	148
Quebrar as forças de um inimigo	148
Para qualquer tipo de comércio	149
Para melhorar a situação financeira	149
Contra os inimigos	150
Língua para fofoqueiro	151
Segurança de quartinha para saúde	152
Para encontrar um amor	153
Construir ou comprar sua casa	154
Para ajudar num casamento	156

Limpeza e descarrego.. 157

Para destrancar algo urgente............................... 158

Para fortalecer a cabeça.................................... 160

União de casais.. 161

Segurança para sua casa.................................... 162

Pedido de saúde.. 163

Saúde para alguém hospitalizado............................ 164

União de casais ou namorados.............................. 165

Encontrar um amor... 166

Separar duas pessoas ou um casal.......................... 167

Afastar uma pessoa... 169

Para encontrar o companheiro certo........................ 169

Para melhora financeira.................................... 171

Misericórdia... 172

Perturbações espirituais em criança....................... 173

Abrir caminhos financeiros................................. 175

Contra inimigos de religião................................ 176

Amalá para saúde de crianças.............................. 178

Para acalmar uma pessoa nervosa, ansiosa, agitada......... 179

Calçar uma pessoa que esteja em decadência financeira...... 180

Para o amor... 181

Segurança de trabalho..................................... 183

Para levantar uma pessoa material e espiritualmente........ 184

Curar uma criança de uma doença grave.................... 185

Recomendações finais....................................... 188

Introdução

Caro leitor, esta é mais uma obra que tem apenas o humilde intuito de somar a nossa Religião Africana. Espero com ela poder compartilhar com meus irmãos e simpatizantes africanistas um pouco mais daquilo que vi, aprendi e escutei dos mais antigos Babalorixás, Yalorixás e Babalaôs, principalmente do meu Babalorixá Miguel da Oyá Bomí. São ensinamentos simples, antigos, porém repletos de fundamento e eficácia na Religião Africana; alguns até mesmo já esquecidos e não mais praticados nos terreiros devido ao modernismo dos novos Babalorixás e Yalorixás e suas vontades de mostrar luxúrias, coisas bonitas e fartas para impressionar os olhos alheios.

Além de serem de baixo custo para manter sempre no altar ou nos assentamentos dos Orixás, como defesa, segurança, firmeza ou até mesmo como trabalhos ou oferendas, esses apetés, calços, cabeças, ecós e olhos dos Orixás hoje são desprezados por muitos iniciantes na Religião Africana que os julgam desnecessários. Eles não sabem que a força de um Orixá não está na grandeza de uma oferenda farta ou na luxúria, e sim no fundamento e na ciência de como é feita e oferecida a oferenda ou o trabalho.

Às vezes sou criticado por ensinar em livros certos trabalhos e rituais que muitos consideram segredos da Religião Africana.

Ora, meus irmãos, tenho certeza de que aqueles que me criticam o fazem porque têm medo de um livro básico da Religião Africana, que é o mínimo que deveriam saber e ensinar para seus filhos a fim de que a nossa religião não desapareça com os anos, junto com seus Axés.

Ainda em relação a quem me critica, gostaria muito de saber até que ponto vai seus fundamentos e conhecimentos africanistas para que tenham tanto medo de um livro que só vem somar, trazer cultura e conhecimento para os adeptos da Religião Africana, principalmente os novos. Além disso, qualquer ser humano por mais inocente que seja sabe que ler é cultura, mesmo que seja um pedaço de jornal velho.

Saibam esses que me criticam que toda crítica é construtiva e, quanto mais as recebo, mais construo em cima delas para ajudar e favorecer meus irmãos africanistas. Por isso, adoro críticas, elas criam dúvidas, fazem-no pensar e buscar conhecimentos, pois, assim, sou eu e serei até os últimos dias da minha vida. Na maioria das vezes pratico até mesmo a autocrítica.

Sou bastante repetitivo nas minhas obras porque acredito que quanto mais se repete mais se aprende. Procuro sempre utilizar uma linguagem simples e fácil de entender para que meus irmãos de menos cultura compreendam, entendam e aprendam melhor tudo que está escrito nesta e em outras obras minhas.

Como o nome do local onde estão os assentamentos dos Orixás muda de um estado para o outro, no decorrer desta obra, toda vez que citar Altar dos Orixás estarei me referindo a Quarto de Santo, Peji, Congal, Santuário, Assentamentos dos Orixás entre outros. Além disso, todo o conteúdo desta obra pode ser praticado por médiuns, leigos e iniciantes na Religião Africana e pelos mais diversos segmentos religiosos, independentemente de cor ou raça, mas que, sem sombra de dívida, tenham fé nos Orixás. Entre eles, diversas nações africanas sobre as quais foram feitas diversas pesquisas, estudos e comparações para que pudéssemos fazer um trabalho que servisse a todos (nagô, cabinda jejé, ijejá, candomblé, oyó etc.), desde que não envolva sacrifícios de animais (corte) – a não ser que a pessoa a realizar esse ritual tenha bastante conhecimento e seja devidamente preparada para tal fim, entre elas Pai de Santo, Mãe de Santo, Babalorixá, Yalorixá, Babalaô etc.

Também não se esqueçam de que o resultado de cada trabalho ou oferenda depende muito do sacrifício, fé e merecimento de cada um. Por isso, antes de qualquer trabalho, ritual ou oferenda, é sempre bom refletir bastante sobre sua conduta, vida, seu modo de viver e agir perante seus irmãos. Depois, é preciso fazer uma reforma íntima que com certeza o ajudará muito no seu objetivo desejado.

Não há necessidade de fazer e manter semanalmente todos esses Apetés, Calços, Cabeças, Ecós e Olhos, apenas alguns, que podem variar de vez em quando.

Alguns Orixás possuem as mesmas variedades e formas de apetés, ecós, calços, olhos e cabeças, outros têm mais do que outros, já que são Orixás de frente, outros de guerra, de rua, de mato, de praia, de mar etc. Em outras palavras, alguns são Orixás de pontos de força diferentes e outros são os Orixás maiores.

Esses apetés, ecós, calços, olhos, mãos e cabeças são oferendas, comidas, agrados, entre outros que costumamos oferecer aos Orixás. Eles também são muito usados em formas de trabalhos, seguranças, firmezas, defesas e rituais para os nossos Orixás, para que possam nos ajudar e nos defender das coisas ruins do dia a dia. Tenho certeza de que, se você os adaptar ou usá-los seguidamente em casa ou no terreiro, sua situação irá melhorar muito em todos os sentidos.

Como não desejo estender muito esta introdução, gostaria de deixar mais alguns lembretes que considero importantíssimos:

► Não esqueça: você tem o livre-arbítrio para fazer ou não qualquer oferenda, trabalho ou ritual para os Orixás desta obra. Se será atendido, dependerá da sua fé, conduta e merecimento. Além disso, é de sua responsabilidade tudo o que fizer, oferecer ou pedir aos Orixás.

► Se você for um Pai de Santo, Mãe de Santo, Babalaô, Babalorixá, Yalorixá entre outros, feito e pronto na Religião Africana, independentemente da nação, e de posse de todos os Axés, principalmente obé (faca), com certeza está apto e, caso queria, pode acrescentar nesses trabalhos, rituais, seguranças, firmezas, calços, apetés, ecós e oferendas uma ave do tipo e da cor de acordo com a sua nação africana e o Orixá a que for destinado.

- O procedimento do corte e o destino dos animais devem estar de acordo com a sua nação africana (jejé, nagô, ijejá, oyó, cabinda, candomblé etc.), o restante segue como de costume, como será ensinado posteriormente. Mas, veja bem, o corte só é válido e usado por pessoas devidamente preparadas e que cultuam os Orixás pelo lado africano (acima citados) e não pelo lado de Umbanda em que não se pratica qualquer tipo de sacrifício de animais aos seus Orixás.

- As quartinhas, guias, correntes ou qualquer material físico usados nos trabalhos ou oferendas devem obrigatoriamente ser lavados com mieró (amací) antes de ser utilizados.

- Como é meu costume lembrar em cada obra escrita por mim e com o auxílio de minhas Entidades, tenha muito cuidado com as velas, materiais, vasilhas e utensílios utilizados em oferendas, arriados ou despachados nos pontos de força da natureza que possam prejudicar, danificar, comprometer e até mesmo sujar o nosso planeta. Procure sempre utilizar materiais que se decomponham facilmente no tempo.

Que esses poderosos Orixás tenham misericórdia de cada um de nós e derramem suas bênçãos sobre a nossa vida e nosso lar para que possamos ter mais sorte, saúde, felicidade, prosperidade, encaminhamento, força, luz e caminhos abertos.

Um abraço fraterno a todos os meus irmãos.

Axé!

Bará, Elegbará, Léba, Exu

Apetés

Os apetés do Orixá Bará que ensinarei a seguir, você pode usar como oferenda, para sua própria defesa ou de alguém conhecido. Eles devem ser levados direto ao ponto de força do Orixá (nesse caso encruzilhada) ou, dependendo do Orixá, à praia, aos rio, mata, cachoeira, estrada etc. Além disso, é preciso levar uma vela na cor do Orixá. Se preferir, é possível arriar esses apetés no Assentamento do Bará, trocando-os a cada 15 dias mais ou menos. Para isso, despache-os na rua ou enterre-os; eles irão atrair, concentrar e canalizar energias e correntes positivas; irão condensar, dispersar e repelir energias e correntes negativas. Por isso, aconselho que quem tiver assentamento em casa, os mantenha sempre ou seguidamente arriado no mesmo local.

Os apetés podem ser colocados em folhas de mamoneiro ou numa bandeja de papelão forrada com essas folhas ou papel de seda da cor do Orixá. Eles podem ser passados no corpo de uma pessoa necessitada, a qualquer dia e hora no seu assentamento. Caso os leve direto ao ponto de força do Orixá, faça-o de manhã cedinho, bem à tardinha ou à noite, se preferir. O mesmo vale para a hora da troca (despachar).

Todos apetés, calços, cabeças e olhos que ensinarei no decorrer deste livro devem ser feitos enquanto o material usado ainda estiver quente – por exemplo: batatas, canjicas entre outros, que devem ser descascados e amassados com colher, espremedor ou pilão; jamais use faca ou garfo.

► Cozinhe três ou quatro batatas-inglesas médias. Ainda quentes, descasque-as e amasse com uma colher formando um purê. Depois, com as mãos para formar (moldar) um apeté como se fosse uma pirâmide arredondada e bem pontuda. Depois de pronto, pinte essa pirâmide (apeté) com óleo de dendê, mel ou os dois usando o dedo como pincel – o mel para atrair coisas boas e o óleo de dendê para defesa.

► Cozinhe duas ou três batatas-inglesas médias. Ainda quentes, descasque-as e amasse com uma colher formando um purê. Depois, com as mãos para formar (moldar) um chave com dentes, ou seja, modelo antigo. Não precisa ficar perfeita. Depois de pronto, pinte essa chave com óleo de dendê, mel ou com os dois usando o dedo como pincel – o mel para atrair coisas boas e o óleo de dendê para defesa.

► Coloque numa vasilha cerca de 300 gramas de farinha de mandioca, acrescente mel aos poucos – de preferência mel endurecido –, e com as mãos misture até formar uma massa mais ou menos firme. Depois, com as mãos forme (molde) um apeté como se fosse uma pirâmide arredondada e bem pontuda. Se for preciso use pedaços de miolo de pão para dar liga. Seja rápido para moldar e coloque no congelador por alguns minutos para firmar, porque a tendência é que a mistura desande.

Depois de pronto e firme, pinte a pirâmide com óleo de dendê usando o dedo como pincel.

► Coloque numa vasilha cerca de 200 gramas de farinha de mandioca acrescente mel aos poucos – de preferência mel endurecido –, e com as mãos misture até formar uma massa mais ou menos firme. Depois, com as mãos forme (molde) uma chave com dentes, ou seja, modelo antigo. Não precisa ficar perfeita. Se for preciso use pedaços de miolo de pão para dar liga. Seja rápido para moldar e coloque no congelador por alguns minutos para firmar, porque a tendência é que a mistura desande.

Depois de pronto e firme, pinte essa chave com óleo de dendê usando o dedo como pincel.

Observação: Esses apetés de farinha de mandioca podem ser feitos também com farinha de milho média ou grossa. Se o assunto for dinheiro, você pode cravar sete moedas nos apetés feitos com batata-inglesa. O resto segue igual. Independente de ser feito com farinha ou batata, os dois apetés trazem ótimos resultados. Você pode intercalá-los semanalmente ou, se preferir, pode fazê-los juntos, um com mel e outro com óleo de dendê. Eles podem também ser oferecidos sozinhos ou numa bandeja junto com outras oferendas pertencente ao Orixá.

Nota importante: Todos esses apetés podem ser oferendados ao Orixá Bará como defesa, segurança ou trabalho para você, ou alguém que esteja necessitando algo importante e urgente, acompanhados do sacrifício de uma ave (galo, galinha, angolista, pombo etc.), na cor e tipo correspondente ao Orixá e a sua nação africana. Porém, esse ritual só pode ser feito por pessoas capacitadas e que tenham bastante conhecimento no assunto e principalmente Axé de obé (mão de faca).

Portanto esse tipo de ritual só pode ser feito por Babalorixá, Yalorixá, Pai de Santo, Mãe de Santo etc.

Não ensinarei a sacrificar a ave, nem falarei sobre o destino que se dá a ela, até mesmo porque quem usar desse preceito com certeza sabe como fazê-lo, com base na sua raiz ou fundamento da nação africana que pratica e que varia muito de uma nação para a outra. Sempre é preciso ter cuidado e ter o máximo de atenção possível para não prejudicar ou ofender a comunidade, a natureza e principalmente os Orixás deste panteão.

Esses apetés oferecidos ao Orixá Bará podem ser feitos sem o sacrifício de aves (corte) como oferenda, defesa ou trabalho, por qualquer pessoa, independentemente de religião, cor, raça, médiuns, leigos ou iniciante na Religião Africana, desde que tenham fé e confiança nos Orixás.

Ecós

Os ecós do Orixá Bará que ensinarei a seguir, você pode usar como oferenda ou para sua própria defesa ou de alguém conhecido. Eles atraem, concentram e canalizam energias e correntes positivas; condensam, dispersam e repelem energias e correntes negativas. Você pode mantê-los sempre arriados no Assentamento do Bará se for o caso, trocando-os a cada 15 dias mais ou menos, despachando na rua. Caso não tenha terreiro ou assentamento do Orixá em sua casa, você pode arriá-los do lado de fora da sua casa num local discreto, colocando em cima uma proteção qualquer contra a chuva.

Use uma vasilha de louça, vidro, alguidar ou plástica pequena, e na hora de despachar, as vasilhas retornam para ser usadas novamente. Esses ecós podem ser feitos e trocados a qualquer dia e hora, mas prefira fazê-lo pela manhã cedo, à tardinha ou à noite se preferir e não despache-os (troque) em dia de chuva.

Além desses ecós do Orixá Bará que ensinarei a seguir, existem muitos outros que não há necessidade de ensinar, pelo menos nesta obra. Entre eles: o tradicional ecó de sangue (axorô, Menga), que é feito somente em dias de corte e obrigações.

- ► Pegue a vasilha escolhida e coloque água. Com os dedos coloque sete punhadinhos de farinha de mandioca, e por último acrescente sete gotas de óleo de dendê (sem mexer). Esse ecó de defesa pode ser usado no lado de fora no Assentamento do Bará ou no altar dos Orixás.

- ► Pegue a vasilha escolhida e coloque água, uma colher de sopa de mel e mexa até misturar bem. Com os dedos coloque sete punhadinhos de farinha de mandioca (sem mexer). Esse ecó é para atrair coisas boas e pode ser usado tanto no lado de fora no Assentamento do Bará como no altar dos Orixás.

ORIXÁS – *Seguranças, Defesas e Firmezas*

▶ Pegue a vasilha escolhida e coloque caldo de canjica amarela ou branca, duas colheres de sopa de mel e mexa até misturar bem. Coloque sete moedas dentro e acrescente algumas gotas de perfume. Esse ecó é ótimo para o dinheiro e é destinado exclusivamente ao Orixá Bará Agelú.

▶ Pegue a vasilha escolhida e coloque água, uma colher de sopa de mel e mexa até misturar bem. Coloque três colheres de sopa de cachaça e por último pingue sete gotas de óleo de dendê (sem mexer). Esse ecó de defesa é muito usado e bastante eficaz nos assentamentos do Bará que ficam no lado de fora, não no altar dos Orixás.

Observação: esses ecós podem ser feitos também com farinha de milho média ou grossa, principalmente quando o assunto for dinheiro. O resto segue igual. O ecó feito com óleo de dendê é usado como defesa; com mel é usado para atrair coisas boas; e com mel, cachaça e óleo de dendê é usado como defesa do lado de fora. Você pode intercalar um e outro ou se preferir fazer todos juntos.

Calços

Esses calços do Orixá Bará que ensinarei a seguir servem exclusivamente como defesa sua, do seu terreiro, da casa ou de alguém conhecido. Jamais como oferenda. Eles atraem, concentram, canalizam, condensam, dispersam e repelem energias e correntes negativas. Você deve mantê-los sempre arriados no lado de fora da sua casa em um locar discreto. Não os coloque no Assentamento do Bará, nem no altar dos Orixás. Troque-os a cada 15 dias mais ou menos, despachando na rua.

Se preferir, você pode levá-los direto ao cruzeiro mais próximo da sua casa. Eles podem ser colocados numa folha de mamoneiro ou numa bandeja de papelão pequena forrada com as mesmas folhas ou papel de seda da cor do Orixá. Em hipótese alguma esses calços devem ser passados no seu corpo ou no corpor de outra pessoa. Eles podem ser feitos, arriados e despachados a qualquer dia e hora, inclusive enterrando no local.

- ▶ Cozinhe três ou quatro batatas-inglesas médias. Ainda quentes e com cascas, amasse-as com uma colher formando um purê. Depois, com as mãos forme (molde) um apeté como se fosse uma pirâmide arredondada e bem pontuda. Depois de pronto. Pinte essa pirâmide (apeté) pulverizando colorau (araticum, vermelhão) ou pó de tijolo dos avermelhados (para isso rale um pedaço de tijolo se for o caso).

- ▶ Cozinhe três ou quatro batatas-inglesas médias. Ainda quentes e com cascas, amasse-as com uma colher formando um purê. Depois, com as mãos forme (molde) uma chave com dentes, ou seja, modelo antigo. Não precisa ficar perfeita. Depois de pronto, pinte essa chave pulverizando colorau (araticum, vermelhão) ou pó de tijolo dos avermelhados (para isso rale um pedaço de tijolo se for o caso).

- ▶ Cozinhe três ou quatro batatas-inglesas médias. Ainda quentes e com cascas, amasse-as com uma colher formando um purê. Depois, com as mãos forme (molde) um apeté como se fosse uma pirâmide arredondada e bem pontuda. Depois de pronto, pinte essa pirâmide (apeté) pulverizando pó de carvão (para isso rale um pedaço de carvão).

- ▶ Cozinhe três ou quatro batatas-inglesas médias. Ainda quentes e com cascas, amasse-as com uma colher formando um purê. Depois, com as mãos forme (molde) uma chave com dentes, ou seja, modelo antigo. Não precisa ficar perfeita. Depois de pronto, pinte essa chave pulverizando pó de carvão (para isso rale um pedaço de carvão).

- Cozinhe três ou quatro batatas-inglesas médias. Ainda quentes e com cascas, amasse-as com uma colher formando um purê. Depois, com as mãos forme (molde) um apeté como se fosse uma pirâmide arredondada e bem pontuda. Depois de pronto, pinte essa pirâmide (apeté) pulverizando farinha de trigo.

- Cozinhe três ou quatro batatas-inglesas médias. Ainda quentes e com cascas, amasse-as com uma colher formando um purê. Depois, com as mãos forme (molde) uma chave com dentes, ou seja, modelo antigo. Não precisa ficar perfeita. Depois de pronto, pinte essa chave pulverizando farinha de trigo.

- Cozinhe três ou quatro batatas-inglesas médias. Ainda quentes e com cascas, amasse-as com uma colher formando um purê. Depois, com as mãos forme (molde) um apeté como se fosse uma pirâmide arredondada e bem pontuda. Depois de pronto, pinte essa pirâmide (apeté) pulverizando cinza de fogão a lenha.

- Cozinhe três ou quatro batatas-inglesas médias. Ainda quentes e com cascas, amasse-as com uma colher formando um purê. Depois, com as mãos forme (molde) uma chave com dentes, ou seja, modelo antigo. Não precisa ficar perfeita. Depois de pronto, pinte essa chave pulverizando cinza de fogão a lenha.

- Cozinhe 1 quilo de batatas-inglesas. Ainda quentes, descasque-as e amasse com uma colher formando um purê. Depois, com as mãos forme (molde) um apeté em forma de uma bola como se fosse uma cabeça.

Depois de pronto, com o dedo minguinho faça um furo de cada lado da bola como se fossem as orelhas, faça mais dois furos um pouco separados um do outro na frente como se fossem os olhos, abaixo dos olhos faça mais dois furos juntos como se fossem o nariz e abaixo do nariz um furo como se fosse a boca. Pinte essa cabeça com óleo de dendê, usando o dedo como pincel. Forre a parte de trás, os lados e a parte de cima da cabeça com algodão como se fossem os cabelos da cabeça, livrando a frente dela, ou seja, o rosto.

Esse calço é um pouco diferente dos outros na hora de montar.

Feita a cabeça, coloque-a numa bandeja média de papelão forrada com papel de seda na cor do Orixá ou com folha de mamoneiro, que já deve estar pronta e com milho de galinha escolhido e torrado bem escuro. Coloque a cabeça bem no meio da bandeja em cima do milho (esse calço é muito bom para quando o terreiro ou a casa for fazer uma festa ou homenagem aos Orixás e, para este, você pode acender uma vela na cor do Orixá ao lado da cabeça um pouquinho antes de começar a festa ou homenagem) – não obrigatoriamente.

- ▶ Pegue mais ou menos 300 gramas de farinha de mandioca, coloque numa vasilha e aos poucos acrescente mel – de preferência mel endurecido. Com as mãos misture até se formar uma massa mais ou menos firme. Depois, com as mãos forme (molde) um apeté como se fosse uma pirâmide arredondada e bem pontuda. Se for preciso use pedaços de miolo de pão para dar liga. Seja rápido e coloque no congelador por alguns minutos para firmar, porque a tendência é de que desande.

Depois de pronto e firme espere voltar à temperatura ambiente, ou seja, deixe secar a umidade adquirida no congelador e pinte a pirâmide pulverizando colorau (araticum, vermelhão) ou pó de tijolo dos avermelhados (para isso rale um pedaço de tijolo se for o caso).

- ▶ Pegue mais ou menos 200 gramas de farinha de mandioca, coloque numa vasilha e aos poucos acrescente mel – de preferência mel endurecido. Com as mãos misture até se formar uma massa mais ou menos firme. Depois, com as mãos forme (molde) uma chave com dentes, ou seja, modelo antigo. Não precisa ficar perfeita.

ORIXÁS – *Seguranças, Defesas e Firmezas*

Se for preciso use pedaços de miolo de pão para dar a liga. Seja rápido e coloque no congelador por alguns minutos para firmar, porque a tendência é de que desande.

Depois de pronto e firme espere voltar à temperatura ambiente, ou seja, deixe secar a umidade adquirida no congelador e pinte a chave pulverizando colorau (araticum, vermelhão) ou pó de tijolo dos avermelhados (para isso rale um pedaço de tijolo se for o caso).

> ▶ Pegue mais ou menos 300 gramas de farinha de mandioca, coloque numa vasilha e aos poucos acrescente mel – de preferência mel endurecido. Com as mãos misture até se formar uma massa mais ou menos firme. Depois, com as mãos forme (molde) um apeté como se fosse uma pirâmide arredondada e bem pontuda. Se for preciso use pedaços de miolo de pão para dar a liga. Seja rápido e coloque no congelador por alguns minutos para firmar, porque a tendência é de que desande.

Depois de pronto e firme espere voltar à temperatura ambiente, ou seja, deixe secar a umidade adquirida no congelador e pinte a pirâmide pulverizando pó de carvão (para isso rale um pedaço de carvão).

> ▶ Pegue mais ou menos 200 gramas de farinha de mandioca, coloque numa vasilha e aos poucos acrescente mel – de preferência mel endurecido. Com as mãos misture até se formar uma massa mais ou menos firme. Depois, com as mãos forme (molde) uma chave com dentes, ou seja, modelo antigo.

Não precisa ficar perfeita. Se for preciso use pedaços de miolo de pão para dar liga. Seja rápido e coloque no congelador por alguns minutos para firmar, porque a tendência é de que desande.

Depois de pronto e firme espere voltar à temperatura ambiente, ou seja, deixe secar a umidade adquirida no congelador e pinte a chave pulverizando pó de carvão (para isso rale um pedaço de carvão).

- Pegue mais ou menos 300 gramas de farinha de mandioca, coloque numa vasilha e aos poucos acrescente mel – de preferência mel endurecido. Com as mãos misture até se formar uma massa mais ou menos firme. Depois, com as mãos forme (molde) um apeté como se fosse uma pirâmide arredondada e bem pontuda.

Se for preciso use pedaços de miolo de pão para dar liga. Seja rápido e coloque no congelador por alguns minutos para firmar, porque a tendência é de que desande.

Depois de pronto e firme espere voltar à temperatura ambiente, ou seja, deixe secar a umidade adquirida no congelador e pinte a pirâmide pulverizando farinha de trigo.

- Pegue mais ou menos 200 gramas de farinha de mandioca, coloque numa vasilha e aos poucos acrescente mel – de preferência endurecido. Com as mãos misture até se formar uma massa mais ou menos firme. Depois, com as mãos forme (molde) uma chave com dentes, ou seja, modelo antigo.

Não precisa ficar perfeita. Se for preciso use pedaços de miolo de pão para dar liga. Seja rápido e coloque no congelador por alguns minutos para firmar, porque a tendência é de que desande

Depois de pronto e firme espere voltar à temperatura ambiente, ou seja, deixe secar a umidade adquirida no congelador e pinte a chave pulverizando farinha de trigo.

- Pegue mais ou menos 300 gramas de farinha de mandioca, coloque numa vasilha e aos poucos acrescente mel – de preferência mel endurecido. Com as mãos misture até se formar uma massa mais ou menos firme. Depois, com as mãos forme (molde) um (apeté) como se fosse uma pirâmide arredondada e bem pontuda.

Se for preciso use pedaços de miolo de pão para dar a liga. Seja rápido e coloque no congelador por alguns minutos para firmar, porque a tendência é de que desande.

Depois de pronto e firme espere voltar à temperatura ambiente, ou seja, deixe secar a umidade adquirida no congelador e pinte a pirâmide pulverizando cinza de fogão a lenha.

► Pegue mais ou menos 200 gramas de farinha de mandioca, coloque numa vasilha e aos poucos acrescente mel – de preferência mel endurecido. Com as mãos misture até se formar uma massa mais ou menos firme. Depois, com as mãos forme (molde) uma chave com dentes, ou seja, modelo antigo. Não precisa ficar perfeita.

Se for preciso use pedaços de miolo de pão para dar a liga. Seja rápido e coloque no congelador por alguns minutos para firmar, porque a tendência é de que desande.

Depois de pronto e firme espere voltar à temperatura ambiente, ou seja, deixe secar a umidade adquirida no congelador e pinte a chave pulverizando cinza de fogão a lenha.

► Esse ecó também é um ótimo calço contra eguns e feitiçarias, enviados contra você, sua casa ou seu terreiro.

Pegue uma vasilha para ecó das que foram citadas anteriormente, coloque água, um pedaço pequeno de fumo em rolo ou picado e sete gotas de óleo de dendê. Coloque essa vasilha na entrada do portão, na frente da casa ou no fundo do pátio e troque a cada 15 dias, como já foi ensinado. Não se esqueça de colocar uma proteção qualquer contra a chuva.

Observação: Você pode usar esses calços para plantar, calçar, comprar e segurar o seu cruzeiro (encruzilhada mais próxima de sua casa) ou até mesmo a sua casa. Pode arriá-los no chão ou enterrar no cruzeiro ou na sua casa, numa folha de mamoneiro ou numa bandeja pequena forrada com as mesmas folhas ou papel de seda da cor do Orixá.

Você também pode escrever os nomes dos seus inimigos em um papel pequeno, dobrá-lo e colocá-lo dentro dos calços. Não acenda velas em hipótese alguma, apenas entregue para o Orixá, pedindo tudo de bom em relação a segurança, paz, tranquilidade e qualquer tipo de feitiçaria que possa ser enviado a você ou para sua casa.

Nota importante: O colorau (araticum, vermelhão) ou pó de tijolo dos avermelhados, o pó de carvão, cinza de fogão a lenha e a farinha de trigo são alguns dos principais atraidores, concentradores, canalizadores, condensadores, dispersadores e repulsadores de energias e correntes negativas que existem.

Por sua eficácia principalmente em relação aos eguns e larvas astrais, são bastante usados em todo e qualquer tipo de feitiçaria. Portanto qualquer calço que costume usar para sua casa, terreiro ou ponto de força do Orixá, entre outros, terá ótimo resultado, o que não o impede de usar mais de um, independentemente de qual seja. É possível até mesmo intercalar de vez em quando entre um e outro sem problema algum. Segue, agora, uma pequena explicação sobre esses itens.

Assim como se faz uma chave com mel para abrir os caminhos, com óleo de dendê para defesa, um coração com mel para o amor, entre outros, faz-se também com algum desses itens – colorau, (araticum, vermelhão) pó de tijolo dos avermelhados, pó de carvão, cinza de fogão a lenha, farinha de trigo –, em forma de calço. Dessa forma, se alguém fizer o mesmo para você em forma de feitiço com algum desses itens (calços), você evita que o atinja. Ou seja, é como se fosse o seu negativo ou o negativo do Orixá ou até mesmo o contrário, que atrairá tudo que possa lhe ser enviado com maldade e intenções de prejudicá-lo de várias formas e com diversas finalidades – amor, dinheiro, caminhos, saúde etc. –, muitas vezes usando dos próprios calços feitos com esses itens ou outros parecidos.

Como já falei anteriormente, eles são fortes atraidores de energias e correntes negativas, por isso devem ser colocados no lado de fora da sua casa, num lugar discreto ou direto no ponto de força do Orixá, sem velas. Nunca no altar dos Orixás ou assentamentos.

Nota importante: Há uma exceção somente para as cabeças ensinadas aqui como calços. Elas também podem ser feitas, arriadas e veladas no altar dos Orixás em forma de trabalho para uma pessoa, podendo até mesmo passar essa cabeça na pessoa. Exemplo: para dar força espiritual, saúde, para acalmar, abafar, tranquilizar, para vencer algo, trazer paz, para harmonia, para fazer um pedido etc. Ela serve tanto para um adulto como para uma criança, e também pode ser arriada sozinha ou junto com outras oferendas pertencentes ao mesmo Orixá, a que for destinada a cabeça.

Assim como os apetés e olhos pertencentes aos Orixás, essas cabeças quando arriadas no altar dos Orixás podem ser acompanhadas do sacrifício de uma ave (galo, galinha, angolista, pombo etc.), na cor e tipo correspondente ao Orixá e a sua nação africana. Porém, esse ritual só pode ser feito por pessoas capacitadas e que tenham conhecimento no assunto e principalmente Axé de obé (mão de faca).

Portanto, esse tipo de ritual só pode ser feito por Babalorixá, Yalorixá, Pai de Santo, Mãe de Santo etc.

Não ensinarei a sacrificar a ave nem falarei sobre o destino que se dá a ela, até mesmo porque quem usar desse preceito com certeza sabe como fazê-lo, com base na sua raiz ou fundamento da nação africana que pratica e que varia muito de uma nação para a outra. Sempre é preciso ter cuidado e ter o máximo de atenção possível para não prejudicar ou ofender a comunidade, a natureza e principalmente os Orixás deste panteão.

Essas cabeças podem ser feitas sem o sacrifício de aves (corte), como oferendas, defesa ou trabalho, por qualquer pessoa independentemente de religião, cor, raça, médiuns, leigos ou iniciante na Religião Africana, desde que tenham fé e confiança nos Orixás.

Olhos

Esses olhos do Orixá Bará que ensinarei a seguir, você pode usar como oferenda, para sua própria defesa ou de alguém conhecido. Eles devem ser levados direto ao ponto de força do Orixá (nesse caso encruzilhada). Além disso, é preciso levar uma vela na cor do Orixá. Se preferir, é possível arriá-los no assentamento do Orixá, trocando-os a cada 15 dias mais ou menos. Para isso, despache-os na rua ou enterre-os; eles irão atrair, concentrar e canalizar energias e correntes positivas; irão condensar, dispersar e repelir energias e correntes negativas. Por isso, aconselho que quem tiver assentamento em casa, os mantenha sempre ou seguidamente arriado no mesmo local.

Os olhos podem ser colocados em folhas de mamoneiro ou numa bandeja de papelão forrada com essas folhas ou papel de seda da cor do Orixá, ou forrada com algodão. Eles podem ser passados no corpo de uma pessoa necessitada, a qualquer dia e hora no seu assentamento. Caso os leve direto ao ponto de força do Orixá, faça-o de manhã cedinho, bem à tardinha ou à noite, se preferir. O mesmo vale para a hora da troca (despachar).

▶ Cozinhe duas batatas-inglesas grandes. Ainda quentes, descasque-as e amasse com uma colher formando um purê. Depois, com as mãos forme (molde) dois apetés como se fossem dois olhos, um pouco maiores que um ovo. Depois de pronto, crave bem no meio de cada um uma ameixa-preta seca e torne a moldá-lo novamente formando os olhos. Pinte esses olhos (apeté) com óleo de dendê, mel ou com os dois usando o dedo como pincel – o mel para atrair coisas boas e o óleo de dendê para defesa.

▶ Pegue mais ou menos 300 gramas de farinha de mandioca, coloque numa vasilha e aos poucos acrescente mel – e preferência mel endurecido. Com as mãos misture até se formar uma massa mais ou menos firme. Depois, com as mãos forme (molde) dois (apetés) como se fossem dois olhos um pouco maiores que um ovo. Crave bem no meio de cada um uma ameixa-preta seca para finalizá-los. Se for preciso, use pedaços de miolo de pão para dar a liga. Seja rápido e coloque no congelador por alguns minutos para firmar, porque a tendência é de que desande.

Depois de pronto e firme pinte esses olhos com óleo de dendê usando o dedo como pincel.

Observação: Você pode substituir a farinha de mandioca por farinha de milho média ou grossa, principalmente quando o assunto for dinheiro. O resto segue igual. E tanto os olhos feitos de batatas como os de farinha trazem ótimos resultados independentemente da finalidade. Podem também ser oferecidos sozinhos ou numa bandeja com outras oferendas pertencente ao Orixá, colocados bem no meio da bandeja, um do lado do outro.

Nota importante: Todos esses olhos podem ser oferendados ao Orixá Bará como defesa, segurança ou trabalho, para você ou alguém que esteja necessitando algo importante e urgente, acompanhados do sacrifício de uma ave (galo, galinha, angolista, pombo etc.), na cor e tipo correspondente ao Orixá e a sua nação africana. Mas esse ritual só pode ser feito por pessoas capacitadas e que tenham conhecimento no assunto e principalmente Axé de obé, (mão de faca).

Portanto, esse tipo de ritual só pode ser feito por Babalorixá, Yalorixá, Pai de Santo, Mãe de Santo etc.

Não ensinarei a sacrificar a ave, nem falarei sobre o destino que se dá a ela, até mesmo porque quem usar desse preceito com certeza sabe como fazê-lo, com base na sua raiz ou fundamento da nação africana que pratica e que varia muito de uma nação para a outra. Sempre é preciso ter cuidado e ter o máximo de atenção possível para não prejudicar ou ofender a comunidade, a natureza e principalmente os Orixás deste panteão.

Esses olhos podem ser feitos sem o sacrifício de aves (corte) como oferenda, defesa ou trabalho, por qualquer pessoa, independentemente de religião, cor, raça, médiuns, leigos ou iniciante na Religião Africana, desde que tenham fé e confiança nos Orixás.

Ogum

Apetés

Os apetés do Orixá Ogum que ensinarei a seguir, você pode usar como oferenda ou para sua própria defesa ou de alguém conhecido. Eles devem ser levados direto ao ponto de força do Orixá. Além disso, é preciso levar uma vela na cor do Orixá. Se preferir, é possível arriar esses apetés no seu altar dos Orixás, trocando-os a cada 15 dias mais ou menos. Para isso, despache-os na rua ou enterre-os; eles irão atrair, concentrar e canalizar energias e correntes positivas; irão condensar, dispersar e repelir energias e correntes negativas. Por isso, aconselho que quem tiver assentamento em casa, os mantenha sempre ou seguidamente arriado no mesmo local.

Os apetés podem ser colocados em folhas de mamoneiro ou numa bandeja de papelão forrada com essas folhas ou papel de seda da cor do Orixá. Eles podem ser passados no corpo de uma pessoa necessitada, a qualquer dia e hora no seu assentamento (altar dos Orixás). Caso os leve direto ao ponto de força do Orixá, faça-o de manhã cedinho, bem à tardinha ou à noite, se preferir. O mesmo vale para a hora da troca (despachar).

▶ Cozinhe três ou quatro batatas-inglesas médias. Ainda quentes, descasque-as e amasse com uma colher formando um purê. Depois, com as mãos para formar (moldar) um apeté como se fosse uma ferradura de cavalo. Não precisa ficar perfeita. Depois de pronto, faça sete furinhos em cima com espaço um do outro como é na ferradura, e pinte com óleo de dendê, mel ou com os dois juntos usando o dedo como pincel – o mel para atrair coisas boas e o óleo de dendê para defesa.

► Cozinhe duas ou três batatas-inglesas médias. Ainda quentes, descasque-as e amasse com uma colher formando um purê. Depois, com as mãos para formar (moldar) um apeté como se fosse uma espada. Não precisa ficar perfeita. Depois de pronto pinte essa espada com óleo de dendê, mel ou com os dois juntos usando o dedo como pincel – o mel para atrair coisas boas e o óleo de dendê para defesa.

► Pegue mais ou menos 200 gramas de farinha de mandioca, coloque numa vasilha e aos poucos acrescente mel – de preferência mel endurecido. Com as mãos misture até se formar uma massa mais ou menos firme. Depois, com as mãos forme (molde) um apeté como se fosse uma ferradura de cavalo com sete furinhos em cima com espaço um do outro. Não precisa ficar perfeito. Se for preciso use pedaços de miolo de pão para dar a liga. Seja rápido e coloque no congelador por alguns minutos para firmar, porque a tendência é de que desande.

Depois de pronto e firme pinte essa ferradura com óleo de dendê, usando o dedo como pincel.

► Pegue mais ou menos 200 gramas de farinha de mandioca, coloque numa vasilha e aos poucos acrescente mel – de preferência mel endurecido. Com as mãos misture até se formar uma massa mais ou menos firme. Depois, com as mãos forme (molde) um apeté como se fosse uma espada. Não precisa ficar perfeita. Se for preciso use pedaços de miolo de pão para dar a liga. Seja rápido e coloque no congelador por alguns minutos para firmar, porque a tendência é de que desande.

Depois de pronto e firme pinte essa espada com óleo de dendê, usando o dedo como pincel.

Observação: Você pode substituir a farinha de mandioca por farinha de milho média ou grossa. Quando usar batatas-inglesas, você pode cravar sete moedas, principalmente quando o assunto for dinheiro. O resto segue igual. Podem também ser oferecidos sozinhos ou numa bandeja com outras oferendas pertencente ao Orixá. Ambos trazem ótimos resultados independentemente da finalidade.

Nota importante: Todos esses apetés ensinados podem ser oferendados ao Orixá Ogum como defesa, segurança ou trabalho, para você ou alguém que esteja necessitando algo importante e urgente, acompanhados do sacrifício de uma ave (galo, galinha, angolista, pombo etc.), na cor e tipo correspondente ao Orixá e a sua nação africana. Porém, esse ritual só pode ser feito por pessoas capacitadas e que tenham conhecimento no assunto e principalmente Axé de obé (mão de faca).

Portanto esse tipo de ritual só pode ser feito por Babalorixá, Yalorixá, Pai de Santo, Mãe de Santo etc.

Não ensinarei a sacrificar a ave, nem falarei sobre o destino que se dá a ela, até mesmo porque quem usar desse preceito com certeza sabe como fazê-lo, com base na sua raiz ou fundamento da nação africana que pratica e que varia muito de uma nação para a outra. Sempre é preciso ter cuidado e ter o máximo de atenção possível para não prejudicar ou ofender a comunidade, a natureza e principalmente os Orixás deste panteão.

Esses apetés oferecidos podem ser feitos sem o sacrifício de aves (corte) como oferenda, defesa ou trabalho, por qualquer pessoa, independentemente de religião, cor, raça, médiuns, leigos ou iniciante na Religião Africana, desde que tenham fé e confiança nos Orixás.

Ecós

Esses ecós do Orixá Ogum que ensinarei a seguir, você pode usar como oferenda ou para sua própria defesa ou de alguém conhecido.

ORIXÁS – *Seguranças, Defesas e Firmezas*

Eles atraem, concentram e canalizam energias e correntes positivas; condensam, dispersam e repelem energias e correntes negativas. Você pode mantê-los sempre arriado no altar dos Orixás, trocando-os a cada 15 dias mais ou menos. Para isso, despache-os na rua. Caso não tenha terreiro, assentamento ou altar dos Orixás em sua casa, você pode arriá-los atrás da porta ou num local discreto da sua casa. Use uma vasilha de louça, vidro, alguidar ou plástica pequena e na hora de despachar, as vasilhas retornam para ser usadas novamente. Podem ser feitos e trocados a qualquer dia e hora, mas na hora de trocar, dê preferência sempre pela manhã cedo, a tardinha ou a noite se preferir, e não troque (despache dia de chuva).

Além desses ecós do Orixá Ogum que ensinarei a seguir, existem muitos outros que não há necessidade de ensinar, pelo menos nesta obra. Entre eles: o tradicional ecó de sangue (axorô, Menga), que é feito somente em dias de corte e obrigações.

▶ Pegue a vasilha escolhida e coloque água, coloque uma colher de sopa de mel e mexa bem até misturar bem o mel na água, por último acrescente sete colheres de sopa de vinagre de preferência vinagre tinto o que não impede de ser usado o branco (sem mexer). Esse ecó é pra ser usado no altar dos Orixás, atrás da porta ou num lugar discreto dentro de casa, para atrair coisas boas.

▶ Pegue a vasilha escolhida e coloque água, coloque uma colher de sopa de mel e mexa bem até misturar bem o mel na água, por último acrescente sete colheres de sopa de vinho de preferência vinho tinto o que não impede de ser usado o branco (sem mexer). Esse ecó é pra ser usado no assentamento do Ogum da rua, para defesa.

▶ Pegue a vasilha escolhida e coloque água, coloque uma colher de sopa de mel e mexa bem até misturar bem o mel na água, por último acrescente sete colheres de sopa de cerveja. (sem mexer). Esse ecó é pra ser usado no assentamento do Ogum da rua para defesa.

Observação: Se preferir pode substituir a colher de sopa de mel por sete colherinhas de chá de açúcar, porém ao colocar o açúcar não precisa mexer. O resto segue igual.

Calços

Esses calços do Orixá Ogum que ensinarei a seguir, você pode usar exclusivamente para sua própria defesa ou de alguém conhecido, do seu terreiro ou casa.

Jamais os use como oferenda. Eles atraem, concentram, canalizam, condensam, dispersam e repelem energias e correntes negativas. Você deve mantê-los sempre arriados no lado de fora da sua casa em um locar discreto. Não os coloque no Assentamento do Bará, nem no altar dos Orixás. Troque-os a cada 15 dias mais ou menos, despachando na rua.

Se preferir, você pode levá-los direto no ponto de força do Orixá. Eles podem ser colocados numa folha de mamoneiro ou numa bandeja de papelão pequena forrada com as mesmas folhas ou papel de seda da cor do Orixá. Em hipótese alguma esses calços devem ser passados no corpo. Eles podem ser feitos, arriados e despachados a qualquer dia e hora, inclusive enterrando no local.

▶ Cozinhe duas ou três batatas-inglesas médias. Ainda quentes e com cascas, amasse-as com uma colher formando um purê. Depois, com as mãos forme (molde) um apeté como se fosse uma ferradura de cavalo. Não precisa ficar perfeita. Depois de pronto, faça sete furinhos em cima espaçadamente um do outro como é na ferradura. Pinte-o (apeté) pulverizando colorau (araticum, vermelhão) ou pó de tijolo dos avermelhados (para isso rale um pedaço de tijolo se for o caso).

▶ Cozinhe duas ou três batatas-inglesas médias. Ainda quentes e com cascas, amasse-as com uma colher formando um purê. Depois, com as mãos forme (molde) um apeté como se fosse uma espada. Não precisa ficar perfeita. Depois de pronto, pinte essa espada pulverizando colorau (araticum, vermelhão) ou pó de tijolo dos avermelhados (para isso rale um pedaço de tijolo se for o caso).

▶ Cozinhe duas ou três batatas-inglesas médias. Ainda quentes e com cascas, amasse-as com uma colher formando um purê. Depois, com as mãos forme (molde) um apeté como se fosse uma ferradura de cavalo. Não precisa ficar perfeita. Depois de pronto faça sete furinhos em cima espaçadamente um do outro como é na ferradura, pinte essa ferradura (apeté) pulverizando pó de carvão, (para isso rale um pedaço de carvão).

▶ Cozinhe duas ou três batatas-inglesas médias. Ainda quentes e com cascas, amasse-as com uma colher formando um purê. Depois, com as mãos forme (molde) um apeté como se fosse uma espada. Não precisa ficar perfeita. Depois de pronto, pinte essa espada pulverizando pó de carvão (para isso rale um pedaço de carvão).

▶ Cozinhe duas ou três batatas-inglesas médias. Ainda quentes e com cascas, amasse-as com uma colher formando um purê. Depois, com as mãos forme (molde) um apeté como se fosse uma ferradura de cavalo. Não precisa ficar perfeita. Depois de pronto faça sete furinhos em cima espaçadamente um do outro como é na ferradura. Pinte essa ferradura (apeté) pulverizando farinha de trigo.

▶ Cozinhe duas ou três batatas-inglesas médias. Ainda quentes e com cascas, amasse-as com uma colher formando um purê. Depois, com as mãos forme (molde) um apeté como se fosse uma espada. Não precisa ficar perfeita. Depois de pronto, pinte essa espada pulverizando farinha de trigo.

▶ Cozinhe duas ou três batatas-inglesas médias. Ainda quentes e com cascas, amasse-as com uma colher formando um purê. Depois, com as mãos forme (molde) um apeté como se fosse uma ferradura de cavalo. Não precisa ficar perfeita. Depois de pronto faça sete furinhos em cima espaçadamente um do outro como é na ferradura, pinte essa ferradura (apeté) pulverizando cinza de fogão a lenha.

► Cozinhe duas ou três batatas-inglesas médias. Ainda quentes e com cascas, amasse-as com uma colher formando um purê. Depois, com as mãos forme (molde) um apeté como se fosse uma espada. Não precisa ficar perfeita. Depois de pronto pinte essa espada pulverizando cinza de fogão a lenha.

► Cozinhe 1 quilograma de batatas-inglesas. Ainda quentes, descasque-as e amasse com uma colher formando um purê. Depois, com as mãos forme (molde) um apeté em forma de uma bola como se fosse uma cabeça.

Depois de pronto, com o dedo minguinho faça um furo de cada lado da bola como se fossem as orelhas, faça mais dois furos um pouco separados um do outro na frente como se fossem os olhos, abaixo dos olhos faça mais dois furos juntos como se fossem o nariz e abaixo do nariz um furo como se fosse a boca. Pinte essa cabeça com óleo de dendê, usando o dedo como pincel. Forre a parte de trás, os lados e a parte de cima da cabeça com algodão como se fossem os cabelos da cabeça, livrando a frente dela, ou seja, o rosto.

Esse calço é um pouco diferente dos outros na hora de montar.

Feita a cabeça, coloque-a numa bandeja média de papelão forrada com papel de seda na cor do Orixá ou com folha de mamoneiro, que já deve estar pronta e com milho de galinha escolhido e torrado bem escuro. Coloque a cabeça bem no meio da bandeja em cima do milho (esse calço é muito bom para quando o terreiro ou a casa for fazer uma festa ou homenagem aos Orixás e, para este, você pode acender uma vela na cor do Orixá ao lado da cabeça um pouquinho antes de começar a festa ou homenagem), não obrigatoriamente.

► Pegue mais ou menos 200 gramas de farinha de mandioca, coloque numa vasilha e acrescente mel – de preferência mel endurecido. Com as mãos vá misturando até se formar uma massa mais ou menos firme. Após junte essa massa nas mãos e forme (molde) um (apeté) como se fosse uma ferradura de cavalo com sete furinhos em cima espaçadamente um do outro. Se for preciso use pedaços de miolo de pão para dar a liga. Seja rápido no moldar e coloque no congelador da geladeira alguns minutos para firmar, porque a tendência é de que desande.

Depois de pronto e firme espere voltar à temperatura ambiente, ou seja, deixe secar a umidade adquirida no congelador e pinte essa pirâmide pulverizando colorau (araticum, vermelhão) ou pó de tijolo dos avermelhados (para isso rale um pedaço de tijolo se for o caso).

► Pegue mais ou menos 200 gramas de farinha de mandioca, coloque numa vasilha e acrescente mel – de preferência mel endurecido. Com as mãos vá misturando até se formar uma massa mais ou menos firme. Após junte essa massa nas mãos e forme (molde) um apeté como se fosse uma espada. Não precisa ficar perfeita.

Se for preciso use pedaços de miolo de pão para dar a liga. Seja rápido no moldar e coloque no congelador da geladeira alguns minutos para firmar, porque a tendência é de que desande.Depois de pronto e firme espere voltar à temperatura ambiente, ou seja, deixe secar a umidade adquirida no congelador e pinte essa espada pulverizando colorau (araticum, vermelhão) ou pó de tijolo dos avermelhados (para isso rale um pedaço de tijolo se for o caso).

► Pegue mais ou menos 200 gramas de farinha de mandioca, coloque numa vasilha e acrescente mel – de preferência mel endurecido. Com as mãos vá misturando até se formar uma massa mais ou menos firme. Após junte essa massa nas mãos e forme (molde) um (apeté) como se fosse uma ferradura de cavalo com sete furinhos em cima espaçadamente um do outro. Se for preciso use pedaços de miolo de pão para dar a liga. Seja rápido no moldar e coloque no congelador da geladeira alguns minutos para firmar, porque a tendência é de que desande.

Depois de pronto e firme espere voltar à temperatura ambiente, ou seja, deixe secar a umidade adquirida no congelador e pinte essa ferradura pulverizando pó de carvão (para isso rale um pedaço de carvão).

► Pegue mais ou menos 200 gramas de farinha de mandioca, coloque numa vasilha e acrescente mel – de preferência mel endurecido. Com as mãos vá misturando até se formar uma massa mais ou menos firme. Após junte essa massa nas mãos e forme (molde) um apeté como se fosse uma espada. Não precisa ficar perfeita. Se for preciso use pedaços de miolo de pão para dar a liga. Seja rápido no moldar e coloque no congelador da geladeira alguns minutos para firmar, porque a tendência é de que desande. Depois de pronto e firme espere voltar à temperatura ambiente, ou seja, deixe secar a umidade adquirida no congelador e pinte essa espada pulverizando pó de carvão (para isso rale um pedaço de carvão).

► Pegue mais ou menos 200 gramas de farinha de mandioca, coloque numa vasilha e acrescente mel – de preferência mel endurecido. Com as mãos vá misturando até se formar uma massa mais ou menos firme. Após junte essa massa nas mãos e forme (molde) um (apeté) como se fosse uma ferradura de cavalo com sete furinhos em cima espaçadamente um do outro. Se for preciso use pedaços de miolo de pão para dar a liga. Seja rápido no moldar e coloque no congelador da geladeira alguns minutos para firmar, porque a tendência é de que desande. Depois de pronto e firme espere voltar à temperatura ambiente, ou seja, deixe secar a umidade adquirida no congelador e pinte essa ferradura pulverizando farinha de trigo.

ORIXÁS – *Seguranças, Defesas e Firmezas*

▶ Pegue mais ou menos 200 gramas de farinha de mandioca, coloque numa vasilha e acrescente mel – de preferência mel endurecido. Com as mãos vá misturando até se formar uma massa mais ou menos firme. Após junte essa massa nas mãos e forme (molde) um apeté como se fosse uma espada. Não precisa ficar perfeita. Se for preciso use pedaços de miolo de pão para dar a liga. Seja rápido no moldar e coloque no congelador da geladeira alguns minutos para firmar, porque a tendência é de que desande.

Depois de pronto e firme espere voltar à temperatura ambiente, ou seja, deixe secar a umidade adquirida no congelador e pinte essa espada pulverizando farinha de trigo.

▶ Pegue mais ou menos 200 gramas de farinha de mandioca, coloque numa vasilha e acrescente mel – de preferência mel endurecido. Com as mãos vá misturando até se formar uma massa mais ou menos firme. Após junte essa massa nas mãos e forme (molde) um (apeté) como se fosse uma ferradura de cavalo com sete furinhos em cima espaçadamente um do outro. Se for preciso use pedaços de miolo de pão para dar a liga. Seja rápido no moldar e coloque no congelador da geladeira alguns minutos pra firmar, porque a tendência é de que desande. Depois de pronto e firme espere voltar à temperatura ambiente, ou seja, deixe secar a umidade adquirida no congelador e pinte essa ferradura pulverizando cinza de fogão a lenha.

▶ Pegue mais ou menos 200 gramas de farinha de mandioca, coloque numa vasilha e acrescente mel – de preferência mel endurecido. Com as mãos vá misturando até se formar uma massa mais ou menos firme. Após junte essa massa nas mãos e forme (molde) um apeté como se fosse uma espada. Não precisa ficar perfeita. Se for preciso use pedaços de miolo de pão para dar a liga. Seja rápido no moldar e coloque no congelador da geladeira alguns minutos para firmar, porque a tendência é de que desande. Depois de pronto e firme espere voltar à temperatura ambiente, ou seja, deixe secar a umidade adquirida no congelador e pinte essa espada pulverizando cinza de fogão a lenha.

▶ Esse ecó de erva de chimarrão também é um ótimo calço para ter do lado de fora de casa. É muito eficiente contra eguns e feitiçarias, mandados contra você, contra seu terreiro ou sua casa.

Pegue uma vasilha para ecó citadas anteriormente, coloque água e nove colherinhas de erva de chimarrão. Coloque a vasilha na entrada do portão, na frente da casa ou no fundo do pátio e troque-a a cada 15 dias, como foi ensinado na parte dos ecós. Não se esqueça de colocar uma proteção qualquer contra a chuva.

Observação: Você pode usar todos esses calços para plantar, calçar, comprar e segurar a sua casa, terreiro ou até mesmo o ponto de força do seu Orixá. Pode arriá-los no chão ou enterrar nesses locais. Coloque numa folha de mamoneiro, bananeira ou numa bandeja pequena forrada com as mesmas folhas ou papel de seda na cor do Orixá.

Você também pode escrever os nomes dos seus inimigos em um papel pequeno, dobrá-lo e colocá-lo dentro dos calços. Não acenda velas em hipótese alguma, apenas entregue para o Orixá, pedindo tudo de bom em relação a segurança, paz, tranquilidade e qualquer tipo de feitiçaria que possa ser enviado a você ou para sua casa.

Nota importante: O colorau (araticum, vermelhão) ou pó de tijolo dos avermelhados, o pó de carvão, cinza de fogão a lenha e a farinha de trigo são alguns dos principais entre outros atraidores, concentradores, canalizadores, condensadores, dispersadores e repulsadores de energias e correntes negativas que existem.

Por sua eficácia principalmente em relação aos eguns e larvas astrais, são bastante usados em todo e qualquer tipo de feitiçaria, portanto qualquer um deles usado como calço para sua casa, terreiro ou ponto de força do Orixá entre outros terá ótimo resultado. No entanto, isso não o impede de usar mais de um, independente de qual seja, podendo até mesmo intercalar de vez em quando entre um e outro sem problema algum.

Nota importante: Há uma exceção somente para as cabeças ensinadas aqui como calços. Elas também podem ser feitas, arriadas e veladas no altar dos Orixás em forma de trabalho para uma pessoa, podendo até mesmo passar essa cabeça na pessoa. Exemplo: para dar força espiritual, saúde, para acalmar, abafar, tranquilizar, para vencer algo, trazer paz, para harmonia, para fazer um pedido etc. Ela serve tanto para um adulto como para uma criança, e também pode ser arriada sozinha ou junto com outras oferendas pertencentes ao mesmo Orixá, a que for destinada a cabeça.

Assim como os apetés e olhos pertencentes aos Orixás, essas cabeças quando arriadas no altar dos Orixás podem ser acompanhadas do sacrifício de uma ave (galo, galinha, angolista, pombo etc.), na cor e tipo correspondente ao Orixá e a sua nação africana. Porém, esse ritual só pode ser feito por pessoas capacitadas e que tenham conhecimento no assunto e principalmente Axé de obé (mão de faca).

Portanto esse tipo de ritual só pode ser feito por Babalorixá, Yalorixá, Pai de Santo, Mãe de Santo etc.

Não ensinarei a sacrificar a ave, nem falarei sobre o destino que se dá a ela, até mesmo porque quem usar desse preceito com certeza sabe como fazê-lo, com base na sua raiz, preceito ou fundamento da nação africana que pratica e que varia muito de uma nação para a outra. Sempre é preciso ter cuidado e ter o máximo de atenção possível para não prejudicar ou ofender a comunidade, a natureza e principalmente os Orixás do panteão africano.

Essas cabeças podem ser feitas sem o sacrifício de aves (corte) como oferenda, defesa ou trabalho, por qualquer pessoa, independentemente de religião, cor, raça, médiuns, leigos ou iniciante na Religião Africana, desde que tenham fé e confiança nos Orixás.

Olhos

Os olhos do Orixá Ogum que ensinarei a seguir, você pode usar como oferenda ou para sua própria defesa ou de alguém conhecido. Eles devem ser levados direto ao ponto de força do Orixá. Além disso, é preciso levar uma vela na cor do Orixá. Se preferir, é possível arriar esses olhos no altar dos Orixás, trocando-os a cada 15 dias mais ou menos. Para isso, despache-os na rua ou enterre-os; eles irão atrair, concentrar e canalizar energias e correntes positivas; irão condensar, dispersar e repelir energias e correntes negativas. Por isso, aconselho que quem tiver assentamento em casa, os mantenha sempre ou seguidamente arriado no mesmo local.

Os olhos podem ser colocados em folhas de mamoneiro ou numa bandeja de papelão forrada com essas folhas ou papel de seda da cor do Orixá, ou forrada com algodão. Eles podem ser passados no corpo de uma pessoa necessitada, a qualquer dia e hora no seu assentamento. Caso os leve direto ao ponto de força do Orixá, faça-o de manhã cedinho, bem à tardinha ou à noite, se preferir. O mesmo vale para a hora da troca (despachar).

▶ Cozinhe duas batatas-inglesas grandes Ainda quentes, descasque-as e amasse com uma colher formando um purê. Depois, com as mãos forme (molde) dois apetés como se fossem dois olhos um pouco maiores que um ovo. Depois de pronto crave bem no meio de cada uma ameixa-preta seca e torne a moldá-lo novamente formando os olhos. Pinte esses olhos (apeté) com óleo de dendê, mel ou com os dois juntos usando o dedo como pincel – o mel para atrair coisas boas e o óleo de dendê para defesa.

▶ Pegue mais ou menos 300 gramas de farinha de mandioca, coloque numa vasilha e aos poucos acrescente mel – de preferência mel endurecido. Com as mãos misture até se formar uma massa mais ou menos firme. Depois, com as mãos forme (molde) dois (apetés) como se fossem dois olhos um pouco maiores que um ovo. Crave bem no meio de cada um uma ameixa-preta seca para finalizá-los. Se for preciso use pedaços de miolo de pão para dar a liga. Seja rápido e coloque no congelador por alguns minutos para firmar, porque a tendência é de que desande.

Depois de pronto e firme pinte esses olhos com óleo de dendê, usando o dedo como pincel.

Observação: Você pode substituir a farinha de mandioca por farinha de milho média ou grossa, principalmente quando o assunto for dinheiro. O resto segue igual. E tanto os olhos feitos de batatas como os de farinha trazem ótimos resultados independentemente da finalidade. Podem também ser oferecidos sozinhos ou numa bandeja com outras oferendas pertencente ao Orixá, colocados bem no meio da bandeja, um do lado do outro.

Nota importante: Todos os olhos ensinados podem ser oferendados ao Orixá Ogum como defesa, segurança ou trabalho para você, ou alguém que esteja necessitando algo importante e urgente, acompanhados do sacrifício de uma ave (galo, galinha, angolista, pombo etc.), na cor e tipo correspondente ao Orixá e a sua nação africana. Porém, esse ritual só pode ser feito por pessoas capacitadas e que tenham bastante conhecimento no assunto e principalmente Axé de obé (mão de faca).

Portanto esse tipo de ritual só pode ser feito por Babalorixá, Yalorixá, Pai de Santo, Mãe de Santo etc.

Não ensinarei a sacrificar a ave, nem falarei sobre o destino que se dá a ela, até mesmo porque quem usar desse preceito com certeza sabe como fazê-lo, com base na sua raiz ou fundamento da nação africana que pratica e que varia muito de uma nação para a outra. Sempre é preciso ter cuidado e ter o máximo de atenção possível para não prejudicar ou ofender a comunidade, a natureza e principalmente os Orixás deste panteão.

Esses olhos podem ser feitos sem o sacrifício de aves (corte) como oferenda, defesa ou trabalho, por qualquer pessoa, independentemente de religião, cor, raça, médiuns, leigos ou iniciante na Religião Africana, desde que tenham fé e confiança nos Orixás.

Oia, Iansã

Apetés

Esses apetés da Orixá Oia que ensinarei a seguir, você pode usar como oferenda ou para sua própria defesa ou de alguém conhecido. Eles devem ser levados direto ao ponto de força do Orixá. Além disso, é preciso levar uma vela na cor do Orixá. Se preferir, é possível arriar esses apetés no seu altar dos Orixás, trocando-os a cada 15 dias mais ou menos. Para isso, despache-os na rua ou enterre-os; eles irão atrair, concentrar e canalizar energias e correntes positivas; irão condensar, dispersar e repelir energias e correntes negativas. Por isso, aconselho que quem tiver assentamento em casa, os mantenha sempre ou seguidamente arriado no mesmo local.

Os apetés podem ser colocados em folhas de mamoneiro ou numa bandeja de papelão forrada com essas folhas ou papel de seda da cor do Orixá. Eles podem ser passados no corpo de uma pessoa necessitada, a qualquer dia e hora no seu assentamento. Caso os leve direto ao ponto de força do Orixá, faça-o de manhã cedinho, bem à tardinha ou à noite, se preferir. O mesmo vale para a hora da troca (despachar).

▶ Cozinhe duas ou três ou batatas-doces Ainda quentes, descasque-as e amasse com uma colher formando um purê. Depois, com as mãos forme (molde) um apeté como se fosse uma bola. Depois de pronto, faça um furo em cima, bem no centro da bola usando o dedo, pinte essa bola com óleo de dendê, mel ou com os dois juntos usando o dedo como pincel – o mel para atrair coisas boas e o óleo de dendê para defesa.

► Cozinhe duas ou três batatas-doces. Ainda quentes, descasque--as e amasse com uma colher formando um purê. Depois, com as mãos forme (molde) um apeté como se fosse um coração. Depois de pronto, pinte esse coração com mel usando o dedo como pincel. Esse apeté é ótimo para o amor e deve ser feito apenas com mel.

Observação: Esses apetés podem ser oferecidos sozinhos ou numa bandeja com outras oferendas pertencente ao Orixá.

Nota importante: Todos os apetés podem ser oferendados ao Orixá Oia como defesa, segurança ou trabalho para você, ou alguém que esteja necessitando algo importante e urgente, acompanhados do sacrifício de uma ave (galo, galinha, angolista, pombo etc.), na cor e tipo correspondente ao Orixá e a sua nação africana. Porém, esse ritual só pode ser feito por pessoas capacitadas e que tenham bastante conhecimento no assunto e principalmente Axé de obé (mão de faca).

Portanto esse tipo de ritual só pode ser feito por Babalorixá, Yalorixá, Pai de Santo, Mãe de Santo etc.

Não ensinarei a sacrificar a ave, nem falarei sobre o destino que se dá a ela, até mesmo porque quem usar desse preceito com certeza sabe como fazê-lo, com base na sua raiz ou fundamento da nação africana que pratica e que varia muito de uma nação para a outra. Sempre é preciso ter cuidado e ter o máximo de atenção possível para não prejudicar ou ofender a comunidade, a natureza e principalmente os Orixás deste panteão.

Esses apetés podem ser feitos sem o sacrifício de aves (corte) como oferenda, defesa ou trabalho, por qualquer pessoa, independentemente de religião, cor, raça, médiuns, leigos ou iniciante na Religião Africana, desde que tenham fé e confiança nos Orixás.

Ecós

Esses ecós da Orixá Oia que ensinarei a seguir, você pode usar como oferenda ou para sua própria defesa ou de alguém conhecido. Eles atraem, concentram e canalizam energias e correntes positivas; condensam, dispersam e repelem energias e correntes negativas. Você pode mantê-los sempre arriados no altar dos Orixás, trocando-os a cada 15 dias mais ou menos. Para isso, despache-os na rua. Caso não tenha terreiro, assentamento ou altar dos Orixás em sua casa, você pode arriá-los atrás da porta ou num local discreto da sua casa.

Use uma vasilha de louça, vidro, alguidar ou plástica pequena e na hora de despachar, as vasilhas retornam para ser usadas novamente. Esses ecós podem ser feitos e trocados a qualquer dia e hora, mas prefira fazê-lo pela manhã cedo, à tardinha ou à noite se preferir e não despache-os (troque) em dia de chuva.

Além desses ecós do Orixá Oia que ensinarei a seguir, existem muitos outros que não há necessidade de ensinar, pelo menos nesta obra. Entre eles: o tradicional ecó de sangue (axorô, Menga), que é feito somente em dias de corte e obrigações.

▶ Pegue a vasilha escolhida e coloque água. Depois, coloque duas colheres de sopa de mel e mexa até misturar bem o mel na água, acrescente algumas gotas de perfume e uma flor vermelha sem o talo e espinhos, se preferir pode colocar somente as pétalas vermelhas. Esse ecó é muito bom para atrair coisas boas para dentro de casa, principalmente amor.

▶ Pegue a vasilha escolhida e coloque duas colheres de sopa de mel, coloque a metade de uma maçã descascada e picada em pedacinhos bem miudinhos. Amasse bem com uma colher a maçã no mel e coloque água. Mexa com a colher até misturar bem, e por último acrescente algumas gotas de perfume. Esse ecó é muito bom para atrair coisas boas para dentro de casa, principalmente fartura.

ORIXÁS – *Seguranças, Defesas e Firmezas*

Observação: Se você não tiver mel pode substituí-lo por sete colherinhas de chá de açúcar. Se preferir, em vez de amassar com a colher a maçã, passe-a no liquidificador com um pouquinho de água. O resto segue igual.

Calços

Esses calços da Orixá Oia que ensinarei a seguir servem exclusivamente para sua própria defesa, do seu terreiro ou casa, ou de alguém conhecido. Jamais os use como oferenda. Eles atraem, concentram, canalizam, condensam, dispersam e repelem energias e correntes negativas.

Você deve mantê-los sempre arriados no lado de fora da sua casa num lugar discreto, mas não no altar dos Orixás nem no Assentamento do Bará, trocando-os a cada 15 dias mais ou menos. Para isso, despache-os na rua ou os enterre.

Se preferir pode levá-los direto ao ponto de força da Orixá. Eles podem ser colocados numa folha de mamoneiro, bananeira ou numa bandeja de papelão pequena forrada com as mesmas folhas ou papel de seda na cor da Orixá. E em hipótese alguma esses calços podem ser passados no corpo. Pode ser feito, arriado e despachado a qualquer dia e hora.

▶ Cozinhe duas ou três batatas-doces. Ainda quentes, descasque-as e amasse com uma colher formando um purê. Depois, com as mãos forme (molde) um apeté como se fosse uma bola. Depois de pronto, faça um furo em cima, bem no centro da bola usando o dedo, pinte-a pulverizando colorau (araticum, vermelhão) ou pó de tijolo dos avermelhados (para isso rale um pedaço de tijolo se for o caso).

▶ Cozinhe duas ou três batatas-doces. Ainda quentes, descasque-as e amasse com uma colher formando um purê. Depois, com as mãos forme (molde) um apeté como se fosse um coração. Depois de pronto, pinte-o pulverizando colorau (araticum, vermelhão) ou pó de tijolo dos avermelhados (para isso rale um pedaço de tijolo se for o caso).

- Cozinhe duas ou três batatas-doces. Ainda quentes, descasque-as e amasse com uma colher formando um purê. Depois, com as mãos forme (molde) um apeté como se fosse uma bola. Depois de pronto, faça um furo em cima, bem no centro da bola usando o dedo, pinte-a pulverizando pó de carvão (para isso rale um pedaço de carvão).

- Cozinhe duas ou três batatas-doces. Ainda quentes, descasque-as e amasse com uma colher formando um purê. Depois, com as mãos forme (molde) um apeté como se fosse um coração. Depois de pronto, pinte-o pulverizando pó de carvão (para isso rale um pedaço de carvão).

- Cozinhe duas ou três batatas-doces. Ainda quentes, descasque-as e amasse com uma colher formando um purê. Depois, com as mãos forme (molde) um apeté como se fosse uma bola. Depois de pronto, faça um furo em cima, bem no centro da bola usando o dedo, pinte-a pulverizando farinha de trigo.

- Cozinhe duas ou três batatas-doces. Ainda quentes, descasque-as e amasse com uma colher formando um purê. Depois, com as mãos forme (molde) um apeté como se fosse um coração. Depois de pronto, pinte-o pulverizando farinha de trigo.

- Cozinhe duas ou três batatas-doces. Ainda quentes, descasque-as e amasse com uma colher formando um purê. Depois, com as mãos forme (molde) um apeté como se fosse uma bola. Depois de pronto, faça um furo em cima, bem no centro da bola usando o dedo, pinte-a pulverizando cinza de fogão a lenha.

- Cozinhe duas ou três batatas-doces. Ainda quentes, descasque-as e amasse com uma colher formando um purê. Depois, com as mãos forme (molde) um apeté como se fosse um coração. Depois de pronto, pinte-o pulverizando cinza de fogão a lenha.

ORIXÁS – *Seguranças, Defesas e Firmezas*

▶ Cozinhe 1 quilo de batatas-doces. Ainda quentes, descasque-as e amasse com uma colher formando um purê. Depois, com as mãos forme (molde) um apeté em forma de uma bola como se fosse uma cabeça.

Depois de pronto, com o dedo minguinho, faça dois furos um em cada lado da bola como se fossem as orelhas, faça mais dois um pouco separados um do outro na frente como se fossem os olhos, abaixo dos olhos faça mais dois juntos como se fossem o nariz e abaixo do nariz um furo como se fosse a boca. Pinte com óleo de dendê, mel ou os dois juntos usando o dedo como pincel. Forre a parte de trás, os lados e em cima da cabeça com algodão como se fossem os cabelos da cabeça, livrando a frente, ou seja, o rosto.

Esse calço é um pouco diferente dos outros na hora de montar.

Feita a cabeça, coloque-a numa bandeja média de papelão forrada com papel de seda na cor do Orixá ou com folha de mamoneiro, que já deve estar pronta com pipocas estouradas (não muito).

Coloque a cabeça bem no meio da bandeja em cima das pipocas (esse calço é muito bom de fazer quando o terreiro ou a casa for fazer uma festa ou homenagem aos Orixás. Diferente dos outros, você pode acender uma vela na cor referente ao Orixá ao lado da cabeça um pouquinho antes de começar a festa ou homenagem), não obrigatoriamente.

▶ Os próximos calços são os legítimos apetés dos eguns. Portanto, é um pouco diferente na hora de fazer. Eles não têm furo e são feitos também com as batatas com cascas.

▶ Cozinhe duas ou três batatas-doces. Ainda quentes e com cascas amasse com uma colher formando um purê. Depois, com as mãos forme (molde) um apeté como se fosse uma bola. Depois de pronta, pinte-a com óleo de dendê (se na mesma hora fizer outros apetés, pegue um pouco das cascas dos outros independentemente de ser de batata-doce ou batata-inglesa e coloque junto, quanto mais cascas melhor).

- Cozinhe duas ou três batatas-doces. Ainda quentes e com cascas amasse com uma colher formando um purê. Depois, com as mãos forme (molde) um apeté como se fosse uma bola. Depois de pronta, pinte-a pulverizando colorau (araticum, vermelhão) ou pó de tijolo dos avermelhados (para isso rale um pedaço de tijolo se for o caso). Se na mesma hora fizer outros apetés, pegue um pouco das cascas dos outros independentemente de ser de batata-doce ou batata-inglesa e coloque junto, quanto mais cascas melhor.

- Cozinhe duas ou três batatas-doces. Ainda quentes e com cascas amasse com uma colher formando um purê. Depois, com as mãos forme (molde) um apeté como se fosse uma bola. Depois de pronta, pinte-a pulverizando pó de carvão (para isso, rale um pedaço de carvão). Se na mesma hora fizer outros apetés, pegue um pouco das cascas dos outros independentemente de ser de batata-doce ou batata-inglesa e coloque junto, quanto mais cascas melhor.

- Cozinhe duas ou três batatas-doces. Ainda quentes e com cascas amasse com uma colher formando um purê. Depois, com as mãos forme (molde) um apeté como se fosse uma bola. Depois de pronta, pinte-a pulverizando farinha de trigo. Se na mesma hora fizer outros apetés, pegue um pouco das cascas dos outros independentemente de ser de batata-doce ou batata-inglesa e coloque junto, quanto mais cascas melhor.

- Cozinhe duas ou três batatas doces, ainda quentes e com cascas amasse com uma colher em forma de purê, após junte esse purê nas mãos e forme (molde) um apeté como se fosse uma bola. Depois de pronta, pinte-a pulverizando cinza de fogão a lenha. Se na mesma hora fizer outros apetés, pegue um pouco das cascas dos outros independentemente de ser de batata-doce ou batata-inglesa e coloque junto, quanto mais cascas melhor.

ORIXÁS – *Seguranças, Defesas e Firmezas*

▶ Esses ecós de eguns também são um ótimo calço para ter do lado de fora de casa. Eles são muito eficientes contra eguns e feitiçarias mandados contra você, contra seu terreiro ou sua casa.

▶ Pegue um vidro médio com tampa e coloque dentro as seguintes matérias: nove pregos, nove cacos de vidros, nove agulhas, nove palitos de fósforo usados, nove palitos de dente, nove pedrinhas de carvão usado, nove giletes e um pouquinho de sal, pimenta, óleo de dendê, mel, cinza de fogão a lenha, café em pó, erva de chimarrão, azougue, os nomes dos inimigos, se for o caso, e complete o vidro com vinagre, álcool e mertiolate.

Feche o vidro e chacoalhe bem. Esse ecó é feito uma só vez e vale para sempre. Portanto, não o despache mais. Se precisar, pode abrir o vidro para colocar nomes. Deixe-o do lado de fora de casa, num lugar discreto, de preferência no fundo do pátio. Você pode, até mesmo, enterrá-lo.

Não precisa ter exatamente todos os itens citados. Você ainda pode acrescentar alguns do seu conhecimento.

De todos os materiais citados, os que você puder conseguir usados, melhor. Exemplo: café, erva de chimarrão, pregos etc.

▶ O ecó de cinzas também é um ótimo calço para ter do lado de fora de casa. Ele é muito eficiente contra eguns e feitiçarias, mandados contra você, contra seu terreiro ou sua casa.

Pegue uma vasilha para ecó, coloque água e nove colherinhas de cinza de fogão a lenha. Coloque essa vasilha na entrada do portão, na frente da casa ou no fundo do pátio e troque a cada 15 dias, como ensinado na parte dos ecós anteriormente. Não se esqueça de colocar uma proteção qualquer contra a chuva.

► Ecó de carvão também é um ótimo calço para ter do lado de fora de casa. Ele é muito eficiente contra eguns e feitiçarias, mandados contra você, contra seu terreiro ou sua casa.

Pegue uma vasilha para ecó, coloque água e nove pedras pequenas de carvão, (de preferência usadas). Coloque essa vasilha na entrada do portão, na frente da casa ou no fundo do pátio e troque a cada 15 dias, como foi ensinado na parte dos ecós anteriormente.

Não se esqueça de colocar uma proteção qualquer contra a chuva. E se você quiser pode fazer estes dois últimos ecós juntos, ou seja, o de cinzas e de carvão na mesma vasilha.

Observação: Você pode usar todos esses calços para plantar, calçar, comprar e segurar a sua casa, terreiro ou até mesmo o ponto de força do seu Orixá. Pode arriá-los no chão ou enterrar nesses locais. Coloque numa folha de mamoneiro, bananeira ou numa bandeja pequena forrada com as mesmas folhas ou papel de seda na cor do Orixá.

Você também pode escrever os nomes dos seus inimigos em um papel pequeno, dobrá-lo e colocá-lo dentro dos calços. Não acenda velas em hipótese alguma, apenas entregue para o Orixá, pedindo tudo de bom em relação a segurança, paz, tranquilidade e qualquer tipo de feitiçaria que possa ser enviado a você ou para sua casa.

Nota importante: Há uma exceção somente para as cabeças ensinadas aqui como calços. Elas também podem ser feitas, arriadas e veladas no altar dos Orixás em forma de trabalho para uma pessoa, podendo até mesmo passar essa cabeça na pessoa. Exemplo: para dar força espiritual, saúde, para acalmar, abafar, tranquilizar, para vencer algo, trazer paz, para harmonia, para fazer um pedido etc. Ela serve tanto para um adulto como para uma criança, e também pode ser arriada sozinha ou junto com outras oferendas pertencentes ao mesmo Orixá, a que for destinada a cabeça.

Assim como os apetés e olhos pertencentes aos Orixás, essas cabeças quando arriadas no altar dos Orixás podem ser acompanhadas do sacrifício de uma ave (galo, galinha, angolista, pombo etc.), na cor e tipo correspondente ao Orixá e a sua nação africana. Porém, esse ritual só pode ser feito por pessoas capacitadas e que tenham conhecimento no assunto e principalmente Axé de obé (mão de faca).

Portanto esse tipo de ritual só pode ser feito por Babalorixá, Yalorixá, Pai de Santo, Mãe de Santo etc.

Não ensinarei a sacrificar a ave, nem falarei sobre o destino que se dá a ela, até mesmo porque quem usar desse preceito com certeza sabe como fazê-lo, com base na sua raiz ou fundamento da nação africana que pratica e que varia muito de uma nação para a outra. Sempre é preciso ter cuidado e ter o máximo de atenção possível para não prejudicar ou ofender a comunidade, a natureza e principalmente os Orixás deste panteão.

Essas cabeças podem ser feitos sem o sacrifício de aves (corte) como, oferenda, defesa ou trabalho, por qualquer pessoa, independentemente de religião, cor, raça, médiuns, leigos ou iniciante na Religião Africana, desde que tenham fé e confiança nos Orixás.

Olhos

Esses olhos da Orixá Oia que ensinarei a seguir, você pode usar como oferenda ou para sua própria defesa ou de alguém conhecido. Eles devem ser levados direto ao ponto de força do Orixá. Além disso, é preciso levar uma vela na cor do Orixá Se preferir, é possível arriar no altar dos Orixás, trocando-os a cada 15 dias mais ou menos. Para isso, despache-os na rua ou enterre-os; eles irão atrair, concentrar e canalizar energias e correntes positivas; irão condensar, dispersar e repelir energias e correntes negativas. Por isso, aconselho que quem tiver assentamento em casa, os mantenha sempre ou seguidamente arriado no mesmo local.

Os olhos podem ser colocados numa folha de mamoneiro, bananeira ou numa bandeja de papelão pequena forrada com as mesmas folhas ou papel de seda na cor pertencente ao Orixá ou forrada com algodão. Eles podem ser passados no corpo de uma pessoa necessitada, a qualquer dia e hora no seu assentamento. Caso os leve direto ao ponto de força do

Orixá, faça-o de manhã cedinho, bem à tardinha ou à noite, se preferir. O mesmo vale para a hora da troca (despachar).

- ▶ Cozinhe duas batatas-doces. Ainda quentes, descasque-as e amasse com uma colher formando um purê. Depois, com as mãos forme (molde) dois apetés como se fossem dois olhos um pouco maiores que um ovo. Depois de prontos, crave bem no meio de cada um uma ameixa-preta seca e torne a moldá-los novamente formando os olhos. Pinte esses olhos (apeté) com óleo de dendê, mel ou com os dois juntos usando o dedo como pincel – o mel para atrair coisas boas, o óleo de dendê para defesa.

- ▶ Pegue mais ou menos 300 gramas de farinha de mandioca, coloque numa vasilha e acrescente mel – de preferência mel endurecido –, e com as mãos misture até se formar uma massa mais ou menos firme. Depois, com as mãos forme (molde) dois (apetés) como se fossem dois olhos um pouco maiores que um ovo. Depois de prontos, crave bem no meio de cada um uma ameixa-preta seca e torne a moldá--los novamente formando os olhos. Se for preciso use pedaços de miolo de pão para dar liga. Seja rápido para moldar e coloque no congelador por alguns minutos para firmar, porque a tendência é que a mistura desande.

Depois de pronto e firme, pinte esses olhos com óleo de dendê, usando o dedo como pincel.

Observação: Você pode substituir a farinha de mandioca por farinha de milho média ou grossa, principalmente quando o assunto for dinheiro. O resto segue igual. E tanto os olhos feitos de batatas como os de farinha trazem ótimos resultados independentemente da finalidade. Podem também ser oferecidos sozinhos ou numa bandeja com outras oferendas pertencente ao Orixá, colocados bem no meio da bandeja, um do lado do outro.

Nota importante: Todos esses olhos podem ser oferendados a Orixá Oia como defesa, segurança ou trabalho, para você, ou alguém que esteja necessitando algo importante e urgente, acompanhados do sacrifício de uma ave (galo, galinha, angolista, pombo etc.), na cor e tipo correspondente ao Orixá e a sua nação africana. Porém, esse ritual só pode ser feito por pessoas capacitadas e que tenham bastante conhecimento no assunto e principalmente Axé de obé (mão de faca).

Portanto esse tipo de ritual só pode ser feito por Babalorixá, Yalorixá, Pai de Santo, Mãe de Santo etc.

Não ensinarei a sacrificar a ave, nem falarei sobre o destino que se dá a ela, até mesmo porque quem usar desse preceito com certeza sabe como fazê-lo, com base na sua raiz ou fundamento da nação africana que pratica e que varia muito de uma nação para a outra. Sempre é preciso ter cuidado e ter o máximo de atenção possível para não prejudicar ou ofender a comunidade, a natureza e principalmente os Orixás deste panteão.

Esses olhos podem ser feitos sem o sacrifício de aves (corte) como, oferenda, defesa ou trabalho, por qualquer pessoa, independentemente de religião, cor, raça, médiuns, leigos ou iniciante na Religião Africana, desde que tenham fé e confiança nos Orixás.

Xangô

Apetés

O apeté do Orixá Xangô que ensinarei a seguir, você pode usar como oferenda ou para sua própria defesa ou de alguém conhecido. Eles devem ser levados direto ao ponto de força do Orixá. Além disso, é preciso levar uma vela na cor do Orixá. Se preferir, é possível arriar no altar dos Orixás, trocando-os a cada 15 dias mais ou menos. Para isso, despache-os na rua ou enterre-os; eles irão atrair, concentrar e canalizar energias e correntes positivas; irão condensar, dispersar e repelir energias e correntes negativas. Por isso, aconselho que quem tiver assentamento em casa, os mantenha sempre ou seguidamente arriado no mesmo local.

Esse apeté pode ser colocado numa folha de mamoneiro, bananeira ou numa bandeja de papelão pequena forrada com as mesmas folhas ou papel de seda na cor pertencente ao Orixá. Ele pode ser passado no corpo de uma pessoa necessitada, a qualquer dia e hora no seu assentamento ou altar dos Orixás. Caso o leve direto ao ponto de força do Orixá, faça-o de manhã cedinho, bem à tardinha ou à noite, se preferir. O mesmo vale para a hora da troca (despachar).

▶ Coloque numa vasilha uma colher de mel – de preferência mel endurecido –, acrescente uma banana descascada e amasse-os com a colher. Depois, coloque farinha de mandioca aos poucos e misture tudo até formar uma massa mais ou menos firme.

Depois, com as mãos forme (molde) um (apeté) como se fosse uma bola. Se for preciso use pedaços de miolo de pão para dar liga. Seja rápido para moldar e coloque no congelador por alguns minutos para firmar, porque a tendência é que a mistura desande.

Depois de pronto e firme, pinte essa bola com óleo de dendê, usando o dedo como pincel.

Observação: Você pode substituir a farinha de mandioca por farinha de milho média ou grossa, principalmente quando o assunto for dinheiro. O resto segue igual. E pode também ser oferecido sozinho ou numa bandeja junto com outras oferendas pertencente ao Orixá.

Nota importante: Esses apetés podem ser oferendado ao Orixá Xangô como defesa, segurança ou trabalho para você, ou alguém que esteja necessitando algo importante e urgente, acompanhados do sacrifício de uma ave (galo, galinha, angolista, pombo etc.), na cor e tipo correspondente ao Orixá e a sua nação africana. Porém, esse ritual só pode ser feito por pessoas capacitadas e que tenham bastante conhecimento no assunto e principalmente Axé de obé (mão de faca).

Portanto esse tipo de ritual só pode ser feito por Babalorixá, Yalorixá, Pai de Santo, Mãe de Santo etc.

Não ensinarei a sacrificar a ave, nem falarei sobre o destino que se dá a ela, até mesmo porque quem usar desse preceito com certeza sabe como fazê-lo, com base na sua raiz ou fundamento da nação africana que pratica e que varia muito de uma nação para a outra. Sempre é preciso ter cuidado e ter o máximo de atenção possível para não prejudicar ou ofender a comunidade, a natureza e principalmente os Orixás deste panteão.

Esses apetés podem ser feitos sem o sacrifício de aves (corte) como, oferenda, defesa ou trabalho, por qualquer pessoa, independentemente de religião, cor, raça, médiuns, leigos ou iniciante na Religião Africana, desde que tenham fé e confiança nos Orixás.

Ecós

Os ecós do Orixá Xangô que ensinarei a seguir, você pode usar como oferenda ou para sua própria defesa ou de alguém conhecido. Eles atraem, concentram e canalizam energias e correntes positivas; condensam, dispersam e repelem energias e correntes negativas. Você pode mantê-los sempre arriado no altar dos Orixás, trocando-os a cada 15 dias mais ou menos. Para isso, despache-os na rua. Caso não tenha terreiro, assentamento ou altar dos Orixás em sua casa, você pode arriá-los atrás da porta ou num local discreto da sua casa.

Use uma vasilha de louça, vidro, alguidar ou plástica pequena, e na hora de despachar, as vasilhas retornam para ser usadas novamente. Esses ecós podem ser feitos e trocados a qualquer dia e hora, mas prefira fazê-lo pela manhã cedo, à tardinha ou à noite se preferir e não despache-os (troque) em dia de chuva.

Além desses ecós do Orixá Xangô que ensinarei a seguir, existem muitos outros que não há necessidade de ensinar, pelo menos nesta obra. Entre eles: o tradicional ecó de sangue (axorô, Menga), que é feito somente em dias de corte e obrigações.

▶ Pegue a vasilha escolhida e coloque uma colher de sopa de mel, uma banana pequena descascada e amasse bem com uma colher. Coloque água, mexa com a colher até misturar bem, coloque seis punhadinhos pequenos de farinha de mandioca (com os dedos) e por último acrescente seis gotas de óleo de dendê. Esse ecó é muito bom para os negócios.

▶ Pegue a vasilha escolhida e coloque água, uma colher de sopa de mel e mexa bem até misturar tudo. Coloque 12 rodelas de banana verde, cortadas com casca. Atenção: esse é um ecó de egum, portanto, é mais utilizado e eficiente do lado de fora da casa como calço.

Observação: Se não tiver mel pode substituí-lo por seis colherinhas de chá de açúcar. O resto segue igual.

Calços

Esses calços do Orixá Xangô que ensinarei a seguir servem exclusivamente para sua própria defesa, do seu terreiro ou casa e de alguém conhecido, jamais como oferenda. Eles atraem, concentram, canalizam, condensam, dispersam e repelem energias e correntes negativas. Você deve mantê-los sempre arriados do lado de fora da sua casa num lugar discreto, não no altar dos Orixás nem no Assentamento do Bará, trocando-os a cada 15 dias mais ou menos. Para isso, despache-os na rua ou enterre-os.

Se preferir, você pode levá-los direto ao ponto de força do Orixá e podem ser colocados numa folha de mamoneiro, bananeira ou numa bandeja de papelão pequena forrada com as mesmas folhas ou papel de seda da cor pertencente do Orixá. E em hipótese alguma passe esses calços no corpo. Pode ser feito, arriado e despachado a qualquer dia e hora.

▶ Coloque numa vasilha uma colher de mel – de preferência mel endurecido –, acrescente uma banana descascada e amasse com a colher. Depois coloque farinha de mandioca aos poucos e misture tudo até formar uma massa mais ou menos firme.

Depois, com as mãos forme (molde) um (apeté) em forma de uma bola, como se fosse uma cabeça. Feito isso, com o dedo mindinho faça rapidamente um furo de cada lado da bola como se fossem as orelhas, mais dois um pouco separados um do outro na frente como se fossem os olhos; abaixo dos olhos faça mais dois juntos como se fossem o nariz e abaixo do nariz um furo como se fosse a boca. Se for preciso use pedaços de miolo de pão para dar liga. Seja rápido para moldar e coloque no congelador por alguns minutos para firmar, porque a tendência é que a mistura desande.

Depois de pronto pinte essa cabeça com óleo de dendê, mel ou os dois juntos usando o dedo como pincel. Forre a parte de trás, os lados e a parte de cima da cabeça com algodão como se fossem os cabelos, livrando a frente, ou seja, o rosto.

Esse calço é um pouco diferente dos outros na hora de montar.

Quando estiver pronta, coloque a cabeça numa gamela ou numa bandeja média de papelão forrada com folhas de mostarda, folhas de bananeira, mamoneiro ou papel de seda na cor do Orixá (esse calço é muito bom para quando o terreiro ou a casa for fazer uma festa ou homenagem aos Orixás e, diferente dos outros, você pode acender uma vela na cor do Orixá ao lado da cabeça um pouquinho antes de começar a festa ou homenagem), não obrigatoriamente.

▶ Coloque numa vasilha uma colher de mel – de preferência mel endurecido –, acrescente uma banana descascada e amasse com a colher. Depois, coloque farinha de mandioca aos poucos e misture tudo até formar uma massa mais ou menos firme. Com as mãos forme (molde) um (apeté) como se fosse uma bola. Se for preciso use pedaços de miolo de pão para dar liga. Seja rápido para moldar e coloque no congelador por alguns minutos para firmar, porque a tendência é que a mistura desande.

Depois de pronto e firme, pinte essa bola pulverizando colorau (araticum, vermelhão) ou pó de tijolo dos avermelhados (para isso rale um pedaço de tijolo, se for o caso).

▶ Coloque numa vasilha uma colher de mel – de preferência mel endurecido –, acrescente uma banana descascada e amasse com a colher. Depois, coloque farinha de mandioca aos poucos e misture tudo até formar uma massa mais ou menos firme. Com as mãos forme (molde) um (apeté) como se fosse uma bola. Se for preciso use pedaços de miolo de pão para dar liga. Seja rápido para moldar e coloque no congelador por alguns minutos para firmar, porque a tendência é que a mistura desande.

Depois de pronto e firme pinte essa bola pulverizando pó de carvão (para isso rale um pedaço de carvão).

ORIXÁS – *Seguranças, Defesas e Firmezas*

► Coloque numa vasilha uma colher de mel – de preferência mel endurecido –, acrescente uma banana descascada e amasse com a colher. Depois coloque farinha de mandioca aos poucos e misture tudo até formar uma massa mais ou menos firme. Com as mãos forme (molde) um (apeté) como se fosse uma bola. Se for preciso use pedaços de miolo de pão para dar liga. Seja rápido para moldar e coloque no congelador por alguns minutos para firmar, porque a tendência é que a mistura desande.Depois de pronto e firme pinte essa bola pulverizando farinha de trigo.

► Coloque numa vasilha uma colher de mel – de preferência mel endurecido –, acrescente uma banana descascada e amasse com a colher. Depois, coloque farinha de mandioca aos poucos e misture tudo até formar uma massa mais ou menos firme. Com as mãos forme (molde) um (apeté) como se fosse uma bola. Se for preciso use pedaços de miolo de pão para dar liga. Seja rápido para moldar e coloque no congelador por alguns minutos para firmar, porque a tendência é que a mistura desande.

Depois de pronto e firme pinte essa bola pulverizando cinza de fogão a lenha.

Observação: Você pode usar todos esses calços para plantar, calçar, comprar e segurar a sua casa, terreiro ou até mesmo o ponto de força do seu Orixá. Pode arriá-los no chão ou enterrar nesses locais. Coloque numa folha de mamoneiro, bananeira ou numa bandeja pequena forrada com as mesmas folhas ou papel de seda na cor do Orixá.

Você também pode escrever os nomes dos seus inimigos em um papel pequeno, dobrá-lo e colocá-lo dentro dos calços. Não acenda velas em hipótese alguma, apenas entregue para o Orixá, pedindo tudo de bom em relação a segurança, paz, tranquilidade e qualquer tipo de feitiçaria que possa ser enviado a você ou para sua casa.

Nota importante: Há uma exceção somente para as cabeças ensinadas aqui como calços. Elas também podem ser feitas, arriadas e veladas no altar dos Orixás em forma de trabalho para uma pessoa, podendo até mesmo passar essa cabeça na pessoa. Exemplo: Para dar força espiritual, saúde, para acalmar, abafar, tranquilizar, para vencer algo, trazer paz, para harmonia, para fazer um pedido etc. Ela serve tanto para um adulto como para uma criança, e também pode ser arriada sozinha ou junto com outras oferendas pertencentes ao mesmo Orixá, a que for destinada a cabeça.

Assim como os apetés e olhos pertencentes aos Orixás, essas cabeças quando arriadas no altar dos Orixás podem ser acompanhadas do sacrifício de uma ave (galo, galinha, angolista, pombo etc.), na cor e tipo correspondente ao Orixá e a sua nação africana. Porém, esse ritual só pode ser feito por pessoas capacitadas e que tenham conhecimento no assunto e principalmente <u>Axé de obé</u> (mão de faca).

Portanto esse tipo de ritual só pode ser feito por <u>Babalorixá, Yalorixá, Pai de Santo, Mãe de Santo</u> etc.

Não ensinarei a sacrificar a ave, nem falarei sobre o destino que se dá a ela, até mesmo porque quem usar desse preceito com certeza sabe como fazê-lo, com base na sua raiz ou fundamento da nação africana que pratica e que varia muito de uma nação para a outra. Sempre é preciso ter cuidado e ter o máximo de atenção possível para não prejudicar ou ofender a comunidade, a natureza e principalmente os Orixás deste panteão.

Essas cabeças podem ser feitas sem o sacrifício de aves (corte) como, oferenda, defesa ou trabalho, por qualquer pessoa, independentemente de religião, cor, raça, médiuns, leigos ou iniciante na Religião Africana, desde que tenham fé e confiança nos Orixás.

Olhos

Esses olhos do Orixá Xangô que ensinarei a seguir, você pode usar como oferenda ou para sua própria defesa ou de alguém conhecido. Eles devem ser levados direto ao ponto de força do Orixá, junto com uma vela da cor do Orixá, ou, se preferir, pode arriar no altar dos Orixás, trocando-os a cada 15 dias mais ou menos. Para isso, despache-os na rua ou enterre-os; eles irão atrair, concentrar e canalizar energias e correntes positivas; irão condensar, dispersar e repelir energias e correntes negativas. Por isso, aconselho que quem tiver assentamento em casa, os mantenha sempre ou seguidamente arriado no mesmo local.

Os olhos podem ser colocados numa folha de mamoneiro, bananeira ou numa bandeja de papelão pequena forrada com as mesmas folhas ou papel de seda na cor pertencente ao Orixá ou forrada com algodão. Eles podem ser passados no corpo de uma pessoa necessitada, a qualquer dia e hora no seu assentamento. Caso os leve direto ao ponto de força do Orixá, faça-o de manhã cedinho, bem à tardinha ou à noite, se preferir. O mesmo vale para a hora da troca (despachar).

▶ Pegue mais ou menos 300 gramas de farinha de mandioca, coloque numa vasilha e acrescente mel – de preferência mel endurecido –, e com as mãos misture até se formar uma massa mais ou menos firme.

Depois, com as mãos forme (molde) dois (apetés) como se fossem dois olhos um pouco maiores que um ovo. Crave bem no meio de cada uma ameixa-preta seca para finalizá-los. Se for preciso use pedaços de miolo de pão para dar liga. Seja rápido para moldar e coloque no congelador por alguns minutos para firmar, porque a tendência é que a mistura desande.

Depois de pronto e firme, pinte esses olhos com óleo de dendê, usando o dedo como pincel.

Observação: Você pode substituir a farinha de mandioca por farinha de milho média ou grossa, principalmente quando o assunto for dinheiro. O resto segue igual. Podem também ser oferecidos sozinhos ou numa bandeja com outras oferendas pertencente ao Orixá, colocados bem no meio da bandeja, um do lado do outro.

Nota importante: Esses olhos podem ser oferendados ao Orixá Xangô como defesa, segurança ou trabalho para você, ou alguém que esteja necessitando algo importante e urgente, acompanhados do sacrifício de uma ave (galo, galinha, angolista, pombo etc.), na cor e tipo correspondente ao Orixá e a sua nação africana. Porém, esse ritual só pode ser feito por pessoas capacitadas e que tenham bastante conhecimento no assunto e principalmente Axé de obé (mão de faca).

Portanto esse tipo de ritual só pode ser feito por Babalorixá, Yalorixá, Pai de Santo, Mãe de Santo etc.

Não ensinarei a sacrificar a ave, nem falarei sobre o destino que se dá a ela, até mesmo porque quem usar desse preceito com certeza sabe como fazê-lo, com base na sua raiz ou fundamento da nação africana que pratica e que varia muito de uma nação para a outra. Sempre é preciso ter cuidado e ter o máximo de atenção possível para não prejudicar ou ofender a comunidade, a natureza e principalmente os Orixás deste panteão.

Esses olhos podem ser feitos sem o sacrifício de aves (corte) como, oferenda, defesa ou trabalho, por qualquer pessoa, independentemente de religião, cor, raça, médiuns, leigos ou iniciante na Religião Africana, desde que tenham fé e confiança nos Orixás.

Odé, Oxóssi

Apetés

Esses apetés do Orixá Odé que ensinarei a seguir, você pode usar como oferenda ou para sua própria defesa ou de alguém conhecido. Eles devem ser levados direto ao ponto de força do Orixá. Além disso, é preciso levar uma vela na cor do Orixá. Se preferir, é possível arriar no altar dos Orixás, trocando-os a cada 15 dias mais ou menos. Para isso, despache-os na rua ou enterre-os; eles irão atrair, concentrar e canalizar energias e correntes positivas; irão condensar, dispersar e repelir energias e correntes negativas. Por isso, aconselho que quem tiver assentamento em casa, os mantenha sempre ou seguidamente arriado no mesmo local. Os apetés podem ser colocados numa folha de mamoneiro, bananeira ou numa bandeja de papelão pequena forrada com as mesmas folhas ou papel de seda na cor pertencente ao Orixá. Eles podem ser passados no corpo de uma pessoa necessitada, a qualquer dia e hora no seu assentamento. Caso os leve direto ao ponto de força do Orixá, faça-o de manhã cedinho, bem à tardinha ou à noite, se preferir. O mesmo vale para a hora da troca (despachar).

▶ Cozinhe três batatas-inglesas rosa ou brancas. Ainda quentes, descasque-as e amasse com uma colher formando um purê. Depois, com as mãos forme (molde) um apeté como se fosse uma flecha. Depois de pronto, pinte-a (apeté) com óleo de dendê, mel ou com os dois juntos usando o dedo como pincel – o mel para atrair coisas boas e o óleo de dendê para defesa.

▶ Cozinhe três batatas-inglesas rosa ou brancas. Ainda quentes, descasque-as e amasse com uma colher formando um purê. Depois, com as mãos e forme (molde) um apeté como se fosse um arco. Depois de pronto, pinte-o (apeté), com óleo de dendê, mel ou com os dois juntos usando o dedo como pincel – o mel para atrair coisas boas e o óleo de dendê para defesa.

▶ Esses apetés também podem ser oferecidos sozinhos ou numa bandeja junto com outras oferendas pertencentes ao Orixá.

Nota importante: Todos esses apetés podem ser oferendados ao Orixá Odé como defesa, segurança ou trabalho para você, ou alguém que esteja necessitando algo importante e urgente, acompanhados do sacrifício de uma ave (galo, galinha, angolista, pombo etc.), na cor e tipo correspondente ao Orixá e a sua nação africana. Porém, esse ritual só pode ser feito por pessoas capacitadas e que tenham bastante conhecimento no assunto e principalmente Axé de obé (mão de faca).

Portanto esse tipo de ritual só pode ser feito por Babalorixá, Yalorixá, Pai de Santo, Mãe de Santo etc.

Não ensinarei a sacrificar a ave, nem falarei sobre o destino que se dá a ela, até mesmo porque quem usar desse preceito com certeza sabe como fazê-lo, com base na sua raiz ou fundamento da nação africana que pratica e que varia muito de uma nação para a outra. Sempre é preciso ter cuidado e ter o máximo de atenção possível para não prejudicar ou ofender a comunidade, a natureza e principalmente os Orixás deste panteão.

Esses apetés podem ser feitos sem o sacrifício de aves (corte) como, oferenda, defesa ou trabalho, por qualquer pessoa, independentemente de religião, cor, raça, médiuns, leigos ou iniciante na Religião Africana, desde que tenham fé e confiança nos Orixás.

Ecós

Esses ecós do Orixá Odé que ensinarei a seguir, você pode usar como oferenda ou para sua própria defesa ou de alguém conhecido. Eles atraem, concentram e canalizam energias e correntes positivas; condensam, dispersam e repelem energias e correntes negativas. Você pode mantê-los sempre arriados no altar dos Orixás, trocando-os a cada 15 dias mais ou menos. Para isso, despache-os na rua. Caso não tenha terreiro, assentamento ou altar dos Orixás em sua casa, você pode arriá--los atrás da porta ou num local discreto da sua casa.

Use uma vasilha de louça, vidro, alguidar ou plástica pequena, e na hora de despachar, as vasilhas retornam para ser usadas novamente. Esses ecós podem ser feitos e trocados a qualquer dia e hora, mas prefira fazê--lo pela manhã cedo, à tardinha ou à noite se preferir e não despache-os (troque) em dia de chuva.

Além desses ecós do Orixá Odé que ensinarei a seguir, existem muitos outros que não há necessidade de ensinar, pelo menos nesta obra. Entre eles: o tradicional ecó de sangue (axorô, Menga), que é feito somente em dias de corte e obrigações.

► Pegue a vasilha escolhida e coloque água, duas colheres de sopa de mel e mexa bem até misturar. Acrescente sete punhadinhos pequenos de farinha de mandioca (com os dedos) e sete gotas de óleo de dendê. Acrescentar sete cravos-da-índia ou sete gotas de essência de cravo, esse ecó é muito bom para afastar maus espíritos de dentro de casa.

Observação: A farinha de mandioca pode ser substituída por farinha de milho média ou grossa, principalmente quando o assunto for dinheiro. O resto segue igual.

Calços

Os calços do Orixá Odé que ensinarei a seguir servem exclusivamente para sua própria defesa, do seu terreiro ou casa, ou de alguém conhecido, jamais como oferenda. Eles atraem concentram, canalizam, condensam; dispersam e repelem energias e correntes negativas. Você deve mantê-los sempre arriados fora da sua casa num lugar discreto, não no altar dos Orixás nem no Assentamento do Bará, trocando-os a cada 15 dias mais ou menos. Para isso, despache-os na rua ou enterre-os. Se preferir, você pode levá-los direto ao ponto de força do Orixá.

Os calços podem ser colocados numa folha de mamoneiro, bananeira ou numa bandeja de papelão pequena forrada com as mesmas folhas ou papel de seda na cor pertencente ao Orixá. Em hipótese alguma passe esses calços no corpo. Pode ser feito, arriado e despachado a qualquer dia e hora.

▶ Cozinhe 1 quilo de batatas-inglesas rosa ou brancas. Ainda quentes, descasque-as e amasse com uma colher formando um purê. Depois, com as mãos e forme (molde) um apeté em forma de uma bola como se fosse uma cabeça.

Depois de pronto, com o dedo minguinho faça um furo de cada lado da bola como se fossem as orelhas, faça mais dois um pouco separados um do outro na frente como se fossem os olhos; abaixo dos olhos faça mais dois furos juntos como se fossem o nariz e abaixo do nariz um furo como se fosse a boca. Pinte com óleo de dendê, mel ou os dois juntos usando o dedo como pincel. Forre a parte de trás, os lados e a parte de cima da cabeça com algodão como se fossem os cabelos, livrando a frente, ou seja, o rosto.

Esse calço é um pouco diferente dos outros na hora de montar.

Feita a cabeça, coloque-a numa bandeja média de papelão forrada com folha de mamoneiro, bananeira, ou papel de seda na cor do Orixá que já deve estar pronta com miamiã docê (farofa de farinha de mandioca misturada com mel). Coloque a cabeça bem no meio da bandeja em cima

ORIXÁS – *Seguranças, Defesas e Firmezas*

do miamiã (esse calço é muito bom para quando o terreiro ou a casa for fazer uma festa ou homenagem aos Orixás e para esse você pode acender uma vela na cor referente ao Orixá, ao lado da cabeça um pouquinho antes de começar a festa ou homenagem), não obrigatoriamente.

▶ Cozinhe três batatas-inglesas rosa ou brancas. Ainda quentes e com casca, amasse com uma colher formando um purê. Depois, com as mãos forme (molde) um apeté como se fosse uma flecha. Depois de pronta, pinte essa flecha pulverizando colorau (araticum, verme-lhão) ou pó de tijolo dos avermelhados (para isso rale um pedaço de tijolo se for o caso).

▶ Cozinhe três batatas-inglesas rosa ou brancas. Ainda quentes e com casca, amasse com uma colher formando um purê. Depois, com as mãos forme (molde) um apeté como se fosse um arco. Depois de pronto, pinte esse arco (apeté) pulverizando colorau (araticum, vermelhão) ou pó de tijolo dos avermelhados (para isso, rale um pedaço de tijolo se for o caso).

▶ Cozinhe três batatas-inglesas rosa ou brancas. Ainda quentes e com casca, amasse com uma colher formando um purê Depois, com as mãos forme (molde) um apeté como se fosse uma flecha. Depois de pronta, pinte essa flecha (apeté) pulverizando pó de carvão (para isso rale um pedaço de carvão).

▶ Cozinhe três batatas-inglesas rosa ou brancas. Ainda quentes e com casca, amasse com uma colher formando um purê. Depois, com as mãos forme (molde) um apeté como se fosse um arco. Depois de pronto, pinte esse arco (apeté) pulverizando pó de carvão (para isso, rale um pedaço de carvão).

▶ Cozinhe três batatas-inglesas rosa ou brancas. Ainda quentes e com casca, amasse com uma colher formando um purê. Depois, com as mãos forme (molde) um um apeté como se fosse uma flecha. Depois de pronta, pinte essa flecha (apeté) pulverizando farinha de trigo.

▶ Cozinhe três batatas-inglesas rosa ou brancas. Ainda quentes e com casca, amasse com uma colher formando um purê. Depois, com as mãos forme (molde) um um apeté como se fosse um arco. Depois de pronto, pinte esse arco (apeté) pulverizando farinha de trigo.

▶ Cozinhe três batatas-inglesas rosa ou brancas. Ainda quentes e com casca, amasse com uma colher formando um purê. Depois, com as mãos forme (molde) um um apeté como se fosse uma flecha. Depois de pronta, pinte essa flecha (apeté) pulverizando cinza de fogão a lenha.

▶ Cozinhe três batatas-inglesas rosa ou brancas. Ainda quentes e com casca, amasse com uma colher formando um purê. Depois, com as mãos forme (molde) um apeté como se fosse um arco. Depois de pronto, pinte esse arco (apeté) pulverizando cinza de fogão a lenha.

Observação: Você pode usar todos esses calços para plantar, calçar, comprar e segurar a sua casa, terreiro ou até mesmo o ponto de força do seu Orixá. Pode arriá-los no chão ou enterrar nesses locais. Coloque numa folha de mamoneiro, bananeira ou numa bandeja pequena forrada com as mesmas folhas ou papel de seda na cor do Orixá.

Você também pode escrever os nomes dos seus inimigos em um papel pequeno, dobrá-lo e colocá-lo dentro dos calços. Não acenda velas em hipótese alguma, apenas entregue para o Orixá, pedindo tudo de bom em relação a segurança, paz, tranquilidade e qualquer tipo de feitiçaria que possa ser enviado a você ou para sua casa.

Nota importante: Há uma exceção somente para as cabeças ensinadas aqui como calços. Elas também podem ser feitas, arriadas e veladas no altar dos Orixás em forma de trabalho para uma pessoa, podendo até mesmo passar essa cabeça na pessoa. Exemplo: Para dar força espiritual, saúde, para acalmar, abafar, tranquilizar, para vencer algo, trazer paz, para harmonia, para fazer um pedido etc. Ela serve tanto para um adulto como para uma criança, e também pode ser arriada sozinha ou junto com outras oferendas pertencentes ao mesmo Orixá, a que for destinada a cabeça.

Assim como os apetés e olhos pertencentes aos Orixás, essas cabeças quando arriadas no altar dos Orixás podem ser acompanhadas do sacrifício de uma ave (galo, galinha, angolista, pombo etc.), na cor e tipo correspondente ao Orixá e a sua nação africana. Porém, esse ritual só pode ser feito por pessoas capacitadas e que tenham conhecimento no assunto e principalmente <u>Axé de obé</u> (mão de faca).

Portanto esse tipo de ritual só pode ser feito por <u>Babalorixá, Yalorixá, Pai de Santo, Mãe de Santo</u> etc.

Não ensinarei a sacrificar a ave, nem falarei sobre o destino que se dá a ela, até mesmo porque quem usar desse preceito com certeza sabe como fazê-lo, com base na sua raiz ou fundamento da nação africana que pratica e que varia muito de uma nação para a outra. Sempre é preciso ter cuidado e ter o máximo de atenção possível para não prejudicar ou ofender a comunidade, a natureza e principalmente os Orixás deste panteão.

Essas cabeças podem ser feitas sem o sacrifício de aves (corte) como, oferenda, defesa ou trabalho, por qualquer pessoa, independentemente de religião, cor, raça, médiuns, leigos ou iniciante na Religião Africana, desde que tenham fé e confiança nos Orixás.

Olhos

Esses olhos do Orixá Odé que ensinarei a seguir, você pode usar como oferenda ou para sua própria defesa ou de alguém conhecido. Eles devem ser levados direto ao ponto de força do Orixá. Além disso, é preciso levar uma vela na cor do Orixá. Se preferir, é possível arriar no altar dos Orixás, trocando-os a cada 15 dias mais ou menos. Para isso, despache-os na rua ou enterre-os; eles irão atrair, concentrar e canalizar energias e correntes positivas; irão condensar, dispersar e repelir energias e correntes negativas. Por isso, aconselho que quem tiver assentamento em casa, os mantenha sempre ou seguidamente arriado no mesmo local.

Os olhos podem ser colocados numa folha de mamoneiro, bananeira ou numa bandeja de papelão pequena forrada com as mesmas folhas ou papel de seda na cor pertencente ao Orixá ou forrada com algodão. Eles podem ser passados no corpo de uma pessoa necessitada, a qualquer dia e hora no seu assentamento. Caso os leve direto ao ponto de força do Orixá, faça-o de manhã cedinho, bem à tardinha ou à noite, se preferir. O mesmo vale para a hora da troca (despachar).

▶ Cozinhe duas batatas-inglesas grandes rosa ou brancas.

Ainda quentes, descasque-as e amasse com uma colher formando um purê. Depois, com as mãos forme (molde) dois apetés como se fossem dois olhos um pouco maiores que um ovo. Depois de prontos, crave bem no meio de cada uma ameixa-preta seca e torne a moldá-los formando os olhos. Pinte esses olhos (apeté) com óleo de dendê, mel ou com os dois juntos usando o dedo como pincel – o mel para atrair coisas boas e o óleo de dendê para defesa.

▶ Podem também ser oferecidos sozinhos ou numa bandeja junto com outras oferendas pertencente ao Orixá, colocados bem no meio da bandeja, um do lado do outro.

Nota importante: esses olhos podem ser oferendados ao Orixá Odé como defesa, segurança ou trabalho para você, ou alguém que esteja necessitando algo importante e urgente, acompanhados do sacrifício de uma ave (galo, galinha, angolista, pombo etc.), na cor e tipo correspondente ao Orixá e a sua nação africana. Porém, esse ritual só pode ser feito por pessoas capacitadas e que tenham bastante conhecimento no assunto e principalmente Axé de obé (mão de faca).

Portanto esse tipo de ritual só pode ser feito por <u>Babalorixá, Yalorixá, Pai de Santo, Mãe de Santo</u> etc.

Não ensinarei a sacrificar a ave, nem falarei sobre o destino que se dá a ela, até mesmo porque quem usar desse preceito com certeza sabe como fazê-lo, com base na sua raiz ou fundamento da nação africana que pratica e que varia muito de uma nação para a outra. Sempre é preciso ter cuidado e ter o máximo de atenção possível para não prejudicar ou ofender a comunidade, a natureza e principalmente os Orixás desse panteão.

Esses olhos podem ser feitos sem o sacrifício de aves (corte) como, oferenda, defesa ou trabalho, por qualquer pessoa, independentemente de religião, cor, raça, médiuns, leigos ou iniciante na Religião Africana, desde que tenham fé e confiança nos Orixás.

Otim

Apetés

Os apetés da Orixá Otim que ensinarei a seguir, você pode usar como oferenda ou para sua própria defesa ou de alguém conhecido. Eles devem ser levados direto ao ponto de força do Orixá. Além disso, é preciso levar uma vela na cor do Orixá. Se preferir, é possível arriar no altar dos Orixás, trocando-os a cada 15 dias mais ou menos. Para isso, despache-os na rua ou enterre-os; eles irão atrair, concentrar e canalizar energias e correntes positivas; irão condensar, dispersar e repelir energias e correntes negativas. Por isso, aconselho que quem tiver assentamento em casa (altar dos Orixás), os mantenha sempre ou seguidamente arriado no mesmo local.

Os apetés podem ser colocados numa folha de mamoneiro, bananeira ou numa bandeja de papelão pequena forrada com as mesmas folhas ou papel de seda na cor pertencente ao Orixá. Eles podem ser passados no corpo de uma pessoa necessitada, a qualquer dia e hora no seu assentamento. Caso os leve direto ao ponto de força do Orixá, faça-o de manhã cedinho, bem à tardinha ou à noite, se preferir. O mesmo vale para a hora da troca (despachar).

▶ Cozinhe três batatas-inglesas rosa ou brancas. Ainda quentes, descasque-as e amasse com uma colher formando um purê. Depois, com as mãos forme (molde) um apeté como se fosse uma flecha.

Depois de pronto, pinte-a (apeté) com óleo de dendê, mel ou com os dois juntos usando o dedo como pincel – o mel para atrair coisas boas e o óleo de dendê para defesa.

▶ Cozinhe três batatas-inglesas rosa ou brancas. Ainda quentes, descasque-as e amasse com uma colher formando um purê. Depois, com as mãos forme (molde) um apeté como se fosse um arco. Depois de pronto, pinte-o (apeté) com óleo de dendê, mel ou com os dois juntos usando o dedo como pincel – o mel para atrair coisas boas e o óleo de dendê para defesa.

▶ Esses apetés também podem ser oferecidos sozinhos ou numa bandeja junto com outras oferendas pertencente ao Orixá.

Nota importante: Todos esses apetés podem ser oferendados a Orixá Otim como <u>defesa, segurança ou trabalho</u> para você, ou alguém que esteja necessitando algo importante e urgente, acompanhados do sacrifício de uma ave (galo, galinha, angolista, pombo etc.), na cor e tipo correspondente a Orixá e a sua nação africana. Porém, esse ritual só pode ser feito por pessoas capacitadas e que tenham bastante conhecimento no assunto e principalmente <u>Axé de obé</u> (mão de faca).

Portanto esse tipo de ritual só pode ser feito por <u>Babalorixá, Yalorixá, Pai de Santo, Mãe de Santo</u> etc.

Não ensinarei a sacrificar a ave, nem falarei sobre o destino que se dá a ela, até mesmo porque quem usar desse preceito com certeza sabe como fazê-lo, com base na sua raiz ou fundamento da nação africana que pratica e que varia muito de uma nação para a outra. Sempre é preciso ter cuidado e ter o máximo de atenção possível para não prejudicar ou ofender a comunidade, a natureza e principalmente os Orixás deste panteão.

Esses apetés podem ser feitos sem o sacrifício de aves (corte) como, oferenda, defesa ou trabalho, por qualquer pessoa, independentemente de religião, cor, raça, médiuns, leigos ou iniciante na Religião Africana, desde que tenham fé e confiança nos Orixás.

Ecós

Os ecós da Orixá Otim que ensinarei a seguir servem como oferenda ou para sua própria defesa, do seu terreiro ou casa, ou de alguém conhecido. Eles atraem, concentram e canalizam energias e correntes positivas, condensam, dispersam e repelem energias e correntes negativas. Você pode mantê-los sempre arriados no altar dos Orixás trocando-os a cada 15 dias mais ou menos. Para isso, despache-os na rua. Caso não tenha terreiro, assentamento ou altar dos Orixás em casa, você pode arriá-los atrás da porta ou num local discreto da sua casa.

Use uma vasilha de louça, vidro, alguidar ou plástica pequena, e na hora de despachar, as vasilhas retornam para ser usadas novamente. Esses ecós podem ser feitos e trocados a qualquer dia e hora, mas prefira fazê-lo pela manhã cedo, à tardinha ou à noite se preferir e não despache-os (troque) em dia de chuva.

Além desses ecós da Orixá Otim que ensinarei a seguir, existem muitos outros que não há necessidade de ensinar, pelo menos nesta obra. Entre eles: o tradicional ecó de sangue (axorô, Menga), que é feito somente em dias de corte e obrigações.

> ▶ Pegue a vasilha escolhida e coloque água, duas colheres de sopa de mel e mexa até misturar bem. Acrescente sete punhadinhos pequenos de farinha de mandioca (com os dedos) e algumas gotas de perfume.

Observação: Você pode substituir a farinha de mandioca por farinha de milho média ou grossa, principalmente quando o assunto for dinheiro. O resto segue igual.

Calços

Esses calços da Orixá Otim que ensinarei a seguir servem exclusivamente para sua própria defesa, do seu terreiro ou casa, ou de alguém conhecido, jamais como oferenda. Eles atraem, concentram, canalizam, condensam, dispersam e repelem energias e correntes negativas. Você deve mantê-los sempre arriados no lado de fora da sua casa num lugar discreto, não no altar dos Orixás nem no Assentamento do Bará, trocando-os a cada 15 dias mais ou menos. Para isso, despache-os na rua ou enterre-os

Se preferir pode levá-los direto ao ponto de força da Orixá. Podem ser colocados numa folha de mamoneiro, bananeira ou numa bandeja de papelão pequena forrada com as mesmas folhas ou papel de seda na cor pertencente ao Orixá. Em hipótese alguma esses calços podem ser passados no corpo. Podem ser feitos, arriados e despachados a qualquer dia e hora.

▶ Cozinhe 1 quilo de batatas-inglesas rosa ou brancas. Ainda quentes, descasque-as e amasse com uma colher formando um purê. Depois, com as mãos forme (molde) um apeté em forma de uma bola como se fosse uma cabeça.

Depois de pronto, com o dedo mindinho faça um furo de cada lado da bola como se fossem as orelhas, faça mais dois um pouco separados um do outro na frente como se fossem os olhos, abaixo dos olhos faça mais dois juntos como se fossem o nariz e abaixo do nariz um furo como se fosse a boca. Pinte com óleo de dendê, mel ou os dois juntos usando o dedo como pincel. Forre a parte de trás, os lados e a parte de cima da cabeça com algodão como se fossem os cabelos, livrando a frente, ou seja, o rosto.

Esse calço é um pouco diferente dos outros na hora de montar.

Feita a cabeça, coloque-a numa bandeja média de papelão forrada com folha de mamoneiro, bananeira, ou papel de seda na cor da Orixá que já deve estar pronta e com miamiã docê (farofa de farinha de mandioca misturada com mel).

Coloque a cabeça bem no meio da bandeja em cima do miamiã (esse calço é muito bom para quando o terreiro ou a casa for fazer uma festa ou homenagem aos Orixás e para esse você pode acender uma vela na cor referente a Orixá ao lado da cabeça um pouquinho antes de começar a festa ou homenagem), não obrigatoriamente.

- ► Cozinhe três batatas-inglesas rosa ou brancas. Ainda quentes e com cascas amasse com uma colher formando um purê. Depois, com as mãos forme (molde) um apeté como se fosse uma flecha. Depois de pronto, pinte-a pulverizando colorau (araticum, vermelhão) ou pó de tijolo dos avermelhados (para isso, rale um pedaço de tijolo se for o caso).

- ► Cozinhe três batatas-inglesas rosa ou brancas. Ainda quentes e com cascas amasse com uma colher formando um purê. Depois, com as mãos forme (molde) um apeté como se fosse um arco. Depois de pronto, pinte-o (apeté) pulverizando colorau (araticum, vermelhão) ou pó de tijolo dos avermelhados (para isso, rale um pedaço de tijolo se for o caso).

- ► Cozinhe três batatas-inglesas rosa ou brancas. Ainda quentes e com cascas amasse com uma colher formando um purê. Depois, com as mãos forme (molde) um apeté como se fosse uma flecha. Depois de pronta, pinte-a (apeté) pulverizando pó de carvão (para isso, rale um pedaço de carvão).

- ► Cozinhe três batatas-inglesas rosa ou brancas. Ainda quentes e com cascas amasse com uma colher formando um purê. Depois, com as mãos forme (molde) um apeté como se fosse um arco. Depois de pronto, pinte-o (apeté) pulverizando pó de carvão (para isso, rale um pedaço de carvão).

- ► Cozinhe três batatas-inglesas rosa ou brancas. Ainda quentes e com cascas amasse com uma colher formando um purê. Depois, com as mãos forme (molde) um apeté como se fosse uma flecha. Depois de pronta, pinte-a (apeté) pulverizando farinha de trigo.

► Cozinhe três batatas-inglesas rosa ou brancas. Ainda quentes e com cascas amasse com uma colher formando um purê. Depois, com as mãos forme (molde) um apeté como se fosse um arco. Depois de pronto, pinte-o (apeté) pulverizando farinha de trigo.

► Cozinhe três batatas-inglesas rosa ou brancas. Ainda quentes e com cascas amasse com uma colher formando um purê. Depois, com as mãos forme (molde) um apeté como se fosse uma flecha. Depois de pronto, pinte-a (apeté) pulverizando cinza de fogão a lenha.

► Cozinhe três batatas-inglesas rosa ou brancas. Ainda quentes e com cascas amasse com uma colher formando um purê. Depois, com as mãos forme (molde) um apeté como se fosse um arco. Depois de pronto, pinte-o (apeté) pulverizando cinza de fogão a lenha.

Observação: Você pode usar todos esses calços para plantar, calçar, comprar e segurar a sua casa, terreiro ou até mesmo o ponto de força do seu Orixá. Pode arriá-los no chão ou enterrar nesses locais. Coloque numa folha de mamoneiro, bananeira ou numa bandeja pequena forrada com as mesmas folhas ou papel de seda na cor da Orixá.

Você também pode escrever os nomes dos seus inimigos em um papel pequeno, dobrá-lo e colocá-lo dentro dos calços. Não acenda velas em hipótese alguma, apenas entregue para a Orixá, pedindo tudo de bom em relação a segurança, paz, tranquilidade e qualquer tipo de feitiçaria que possa ser enviado a você ou para sua casa.

Nota importante: Há uma exceção somente para as cabeças ensinadas aqui como calços. Elas também podem ser feitas, arriadas e veladas no altar dos Orixás em forma de trabalho para uma pessoa, podendo até mesmo passar essa cabeça na pessoa. Exemplo: Para dar força espiritual, saúde, para acalmar, abafar, tranquilizar, para vencer algo, trazer paz, para harmonia, para fazer um pedido etc. Ela serve tanto para um adulto como para uma criança, e também pode ser arriada sozinha ou junto com outras oferendas pertencentes ao mesmo Orixá, a que for destinada a cabeça.

Assim como os apetés e olhos pertencentes aos Orixás, essas cabeças quando arriadas no altar dos Orixás podem ser acompanhadas do sacrifício de uma ave (galo, galinha, angolista, pombo etc.), na cor e tipo correspondente ao Orixá e a sua nação africana. Porém, esse ritual só pode ser feito por pessoas capacitadas e que tenham conhecimento no assunto e principalmente <u>Axé de obé</u> (mão de faca).

Portanto esse tipo de ritual só pode ser feito por <u>Babalorixá, Yalorixá, Pai de Santo, Mãe de Santo</u> etc.

Não ensinarei a sacrificar a ave, nem falarei sobre o destino que se dá a ela, até mesmo porque quem usar desse preceito com certeza sabe como fazê-lo, com base na sua raiz ou fundamento da nação africana que pratica e que varia muito de uma nação para a outra. Sempre é preciso ter cuidado e ter o máximo de atenção possível para não prejudicar ou ofender a comunidade, a natureza e principalmente os Orixás deste panteão.

Essas cabeças podem ser feitas sem o sacrifício de aves (corte) como, oferenda, defesa ou trabalho, por qualquer pessoa, independentemente de religião, cor, raça, médiuns, leigos ou iniciante na Religião Africana, desde que tenham fé e confiança nos Orixás.

Olhos

Esses olhos da Orixá Otim que ensinarei a seguir, você pode usar como oferenda ou para sua própria defesa ou de alguém conhecido. Eles devem ser levados direto ao ponto de força da Orixá. Além disso, é preciso levar uma vela na cor da Orixá. Se preferir, é possível arriar no altar dos Orixás, trocando-os a cada 15 dias mais ou menos. Para isso, despache-os na rua ou enterre-os; eles irão atrair, concentrar e canalizar energias e correntes positivas; irão condensar, dispersar e repelir energias e correntes negativas. Por isso, aconselho que quem tiver assentamento em casa, os mantenha sempre ou seguidamente arriado no mesmo local.

ORIXÁS – Seguranças, Defesas e Firmezas

Os olhos podem ser colocados numa folha de mamoneiro, bananeira ou numa bandeja de papelão pequena forrada com as mesmas folhas ou papel de seda na cor pertencente ao Orixá ou forrada com algodão. Eles podem ser passados no corpo de uma pessoa necessitada, a qualquer dia e hora no seu assentamento. Caso os leve direto ao ponto de força do Orixá, faça-o de manhã cedinho, bem à tardinha ou à noite, se preferir. O mesmo vale para a hora da troca (despachar).

▶ Cozinhe duas batatas-inglesas rosa ou brancas grandes. Ainda quentes, descasque-as e amasse com uma colher formando um purê. Depois, com as mãos forme (molde) dois apelés como se fossem dois olhos um pouco maiores que um ovo. Depois de prontos, crave bem no meio de cada uma ameixa-preta seca e torne a moldá-los novamente formando os olhos. Pinte esses olhos (apeté) com óleo de dendê, mel ou com os dois juntos usando o dedo como pincel – o mel para atrair coisas boas e o óleo de dendê para defesa.

▶ Podem também ser oferecidos sozinhos ou numa bandeja junto com outras oferendas pertencente a Orixá, colocados bem no meio da bandeja, um do lado do outro.

Nota importante: Esses olhos podem ser oferendados a Orixá Otim como <u>defesa, segurança ou trabalho</u> para você, ou alguém que esteja necessitando algo importante e urgente, acompanhados do sacrifício de uma ave (galo, galinha, angolista, pombo etc.), na cor e tipo correspondente ao Orixá e a sua nação africana. Porém, esse ritual só pode ser feito por pessoas capacitadas e que tenham bastante conhecimento no assunto e principalmente <u>Axé de obé</u> (mão de faca).

Portanto esse tipo de ritual só pode ser feito por <u>Babalorixá, Yalorixá, Pai de Santo, Mãe de Santo</u> etc.

Não ensinarei a sacrificar a ave, nem falarei sobre o destino que se dá a ela, até mesmo porque quem usar desse preceito com certeza sabe como fazê-lo, com base na sua raiz ou fundamento da nação africana que pratica e que varia muito de uma nação para a outra. Sempre é preciso ter cuidado e ter o máximo de atenção possível para não prejudicar ou ofender a comunidade, a natureza e principalmente os Orixás deste panteão.

Esses olhos podem ser feitos sem o sacrifício de aves (corte) como oferenda, defesa ou trabalho, por qualquer pessoa, independentemente de religião, cor, raça, médiuns, leigos ou iniciante na Religião Africana, desde que tenham fé e confiança nos Orixás.

Logun edé

Apetés

Os apetés do Orixá Logun edé que ensinarei a seguir, você pode usar como oferenda ou para sua própria defesa ou de alguém conhecido. Eles devem ser levados direto ao ponto de força do Orixá. Além disso, é preciso levar uma vela na cor do Orixá, trocando-os a cada 15 dias mais ou menos. Para isso, despache-os na rua ou enterre-os; eles irão atrair, concentrar e canalizar energias e correntes positivas; irão condensar, dispersar e repelir energias e correntes negativas. Por isso, aconselho que quem tiver assentamento em casa, os mantenha sempre ou seguidamente arriado no mesmo local.

Os apetés podem ser colocados numa folha de mamoneiro, bananeira ou numa bandeja de papelão pequena forrada com as mesmas folhas ou papel de seda na cor pertencentes ao Orixá. Eles podem ser passados no corpo de uma pessoa necessitada, a qualquer dia e hora no seu assentamento. Caso os leve direto ao ponto de força do Orixá, faça-o de manhã cedinho, bem à tardinha ou à noite, se preferir. O mesmo vale para a hora da troca (despachar).

▶ Cozinhe três batatas-inglesas rosa ou brancas. Ainda quentes, descasque-as e amasse com uma colher formando um purê. Depois, com as mãos forme um apeté como se fosse uma flecha. Depois de pronto, pinte-o (apeté) com óleo de dendê, mel ou com os dois juntos usando o dedo como pincel – o mel para atrair coisas boas e o óleo de dendê para defesa..

► Cozinhe três batatas-inglesas rosa ou brancas. Ainda quentes, descasque-as e amasse com uma colher formando um purê. Depois, com as mãos forme (molde) um apeté como se fosse um arco. Depois de pronto, pinte-o (apeté) com óleo de dendê, mel ou com os dois juntos usando o dedo como pincel – o mel para atrair coisas boas e o óleo de dendê para defesa.

► Esses apetés podem também ser oferecidos sozinhos ou numa bandeja junto com outras oferendas pertencente ao Orixá.

Nota importante: todos esses apetés podem ser oferendados ao Orixá Logun edé como defesa, segurança ou trabalho para você, ou alguém que esteja necessitando algo importante e urgente, acompanhados do sacrifício de uma ave (galo, galinha, angolista, pombo etc.), na cor e tipo correspondente ao Orixá e a sua nação africana. Porém, esse ritual só pode ser feito por pessoas capacitadas e que tenham bastante conhecimento no assunto e principalmente Axé de obé (mão de faca).

Portanto esse tipo de ritual só pode ser feito por Babalorixá, Yalorixá, Pai de Santo, Mãe de Santo etc.

Não ensinarei a sacrificar a ave, nem falarei sobre o destino que se dá a ela, até mesmo porque quem usar desse preceito com certeza sabe como fazê-lo, com base na sua raiz ou fundamento da nação africana que pratica e que varia muito de uma nação para a outra. Sempre é preciso ter cuidado e ter o máximo de atenção possível para não prejudicar ou ofender a comunidade, a natureza e principalmente os Orixás deste panteão.

Esses apetés podem ser feitos sem o sacrifício de aves (corte) como oferenda, defesa ou trabalho, por qualquer pessoa, independentemente de religião, cor, raça, médiuns, leigos ou iniciante na Religião Africana, desde que tenham fé e confiança nos Orixás.

Ecós

Esses ecós do Orixá Logun edé que ensinarei a seguir, você pode usar como oferenda ou para sua própria defesa ou de alguém conhecido. Eles atraem concentram e canalizam energias e correntes positivas, condensam, dispersam e repelem energias e correntes negativas. Você pode mantê-los sempre arriados no altar dos Orixás, trocando-os a cada 15 dias mais ou menos. Para isso, despache-os na rua. Caso não tenha terreiro, assentamento ou altar dos Orixás em casa, você pode arriar atrás da porta ou num local discreto da sua casa.

Use uma vasilha de louça, vidro, alguidar ou plástica pequena, e na hora de despachar, as vasilhas retornam para ser usadas novamente. Esses ecós podem ser feitos e trocados a qualquer dia e hora, mas prefira fazê-lo pela manhã cedo, à tardinha ou à noite se preferir e não despache-os (troque) em dia de chuva.

Além desses ecós do Orixá Logun edé que ensinarei a seguir, existem muitos outros que não há necessidade de ensinar, pelo menos nesta obra. Entre eles: o tradicional ecó de sangue (axorô, Menga), que é feito somente em dias de corte e obrigações.

- ► Pegue a vasilha escolhida e coloque água, duas colheres de sopa de mel e mexa até misturar bem. Depois, acrescente sete punhadinhos pequenos de farinha de mandioca (com os dedos), sete gotas de óleo de dendê e algumas gotas de perfume.

Observação: A farinha de mandioca pode substituída por farinha de milho média ou grossa, principalmente quando o assunto for dinheiro. O resto segue igual.

Calços

Esses calços do Orixá Logun edé que ensinarei a seguir servem exclusivamente para sua própria defesa, do seu terreiro ou casa, de alguém conhecido, jamais como oferenda. Eles atraem, concentram, canalizam, condensam, dispersam e repelem energias e correntes negativas. Você deve mantê-los sempre arriados no lado de fora da sua casa num lugar discreto, não no altar dos Orixás nem no Assentamento do Bará, trocando-os a cada 15 dias mais ou menos. Para isso, despache-os na rua ou enterre-os. Se preferir leve direto ao ponto de força do Orixá.

Podem ser colocados numa folha de mamoneiro, bananeira ou numa bandeja de papelão pequena forrada com as mesmas folhas ou papel de seda na cor do Orixá. Em hipótese alguma esses calços podem ser passados no corpo. Podem ser feitos, arriados e despachados a qualquer dia e hora.

▶ Cozinhe 1 quilo de batatas-inglesas rosa ou brancas grandes. Ainda quentes, descasque-as e amasse com uma colher formando um purê. Depois, com as mãos forme (molde) um apeté em forma de uma bola como se fosse uma cabeça.

Depois de pronto, com o dedo mindinho, faça dois furos um em cada lado da bola como se fossem as orelhas, faça mais dois um pouco separados um do outro na frente como se fossem os olhos, abaixo dos olhos faça mais dois juntos como se fossem o nariz e abaixo do nariz um furo como se fosse a boca. Pinte com óleo de dendê, mel ou os dois juntos usando o dedo como pincel. Forre a parte de trás, os lados e em cima da cabeça com algodão como se fossem os cabelos da cabeça, livrando a frente, ou seja, o rosto.

Esse calço é um pouco diferente dos outros na hora de montar.

Feita a cabeça, coloque-a numa bandeja média de papelão forrada com papel de seda na cor do Orixá ou com folha de mamoneiro ou bananeira, que já deve estar pronta com miamiã doce (farinha de mandioca misturada com mel).

Coloque a cabeça bem no meio da bandeja em cima do miamiã (esse calço é muito bom de fazer quando o terreiro ou a casa for fazer uma festa ou homenagem aos Orixás. Diferente dos outros, você pode acender uma vela na cor referente ao Orixá ao lado da cabeça um pouquinho antes de começar a festa ou homenagem), não obrigatoriamente.

► Cozinhe três batatas-inglesas rosa ou brancas grandes. Ainda quentes e com cascas, amasse com uma colher formando um purê. Depois, com as mãos forme (molde) um apeté como se fosse uma flecha. Depois de pronto, pinte-o pulverizando colorau (araticum, vermelhão) ou pó de tijolo dos avermelhados (para isso, rale um pedaço de tijolo se for o caso).

► Cozinhe três batatas-inglesas rosa ou brancas grandes. Ainda quentes e com cascas, amasse com uma colher formando um purê. Depois, com as mãos forme (molde) um apeté como se fosse um arco. Depois de pronto, pinte-o pulverizando colorau (araticum, vermelhão) ou pó de tijolo dos avermelhados (para isso, rale um pedaço de tijolo se for o caso).

► Cozinhe três batatas-inglesas rosa ou brancas grandes. Ainda quentes e com cascas, amasse com uma colher formando um purê. Depois, com as mãos forme (molde) um apeté como se fosse uma flecha. Depois de pronto, pinte-o (apeté) pulverizando pó de carvão (para isso rale um pedaço de carvão).

► Cozinhe três batatas-inglesas rosa ou brancas grandes. Ainda quentes e com cascas, amasse com uma colher formando um purê. Depois, com as mãos forme (molde) um apeté como se fosse um arco. Depois de pronto, pinte-o (apeté) pulverizando pó de carvão (para isso rale um pedaço de carvão).

- Cozinhe três batatas-inglesas rosa ou brancas grandes. Ainda quentes e com cascas, amasse com uma colher formando um purê. Depois, com as mãos forme (molde) um apeté como se fosse uma flecha. Depois de pronto, pinte-o (apeté) pulverizando farinha de trigo.

- Cozinhe três batatas-inglesas rosa ou brancas grandes. Ainda quentes e com cascas, amasse com uma colher formando um purê. Depois, com as mãos forme (molde) um apeté como se fosse um arco. Depois de pronto, pinte-o (apeté) pulverizando farinha de trigo.

- Cozinhe três batatas-inglesas rosa ou brancas grandes. Ainda quentes e com cascas, amasse com uma colher formando um purê. Depois, com as mãos forme (molde) um apeté como se fosse uma flecha. Depois de pronto, pinte-o (apeté) pulverizando cinza de fogão a lenha.

- Cozinhe três batatas-inglesas rosa ou brancas grandes. Ainda quentes e com cascas, amasse com uma colher formando um purê. Depois, com as mãos forme (molde) um apeté como se fosse um arco. Depois de pronto, pinte-o (apeté) pulverizando cinza de fogão a lenha.

Observação: Você pode usar todos esses calços para plantar, calçar, comprar e segurar a sua casa, terreiro ou até mesmo o ponto de força do seu Orixá. Pode arriá-los no chão ou enterrar nesses locais. Coloque numa folha de mamoneiro, bananeira ou numa bandeja pequena forrada com as mesmas folhas ou papel de seda na cor do Orixá.

Você também pode escrever os nomes dos seus inimigos em um papel pequeno, dobrá-lo e colocá-lo dentro dos calços. Não acenda velas em hipótese alguma, apenas entregue para o Orixá, pedindo tudo de bom em relação a segurança, paz, tranquilidade e qualquer tipo de feitiçaria que possa ser enviado a você ou para sua casa.

Nota importante: Há uma exceção somente para as cabeças ensinadas aqui como calços. Elas também podem ser feitas, arriadas e veladas no altar dos Orixás em forma de trabalho para uma pessoa, podendo até mesmo passar essa cabeça na pessoa. Exemplo: Para dar força espiritual, saúde, para acalmar, abafar, tranquilizar, para vencer algo, trazer paz, para harmonia, para fazer um pedido etc. Ela serve tanto para um adulto como para uma criança, e também pode ser arriada sozinha ou junto com outras oferendas pertencentes ao mesmo Orixá, a que for destinada a cabeça.

Assim como os apetés e olhos pertencentes aos Orixás, essas cabeças quando arriadas no altar dos Orixás podem ser acompanhadas do sacrifício de uma ave (galo, galinha, angolista, pombo etc.), na cor e tipo correspondente ao Orixá e a sua nação africana. Porém, esse ritual só pode ser feito por pessoas capacitadas e que tenham conhecimento no assunto e principalmente <u>Axé de obé</u> (mão de faca).

Portanto esse tipo de ritual só pode ser feito por <u>Babalorixá, Yalorixá, Pai de Santo, Mãe de Santo</u> etc.

Não ensinarei a sacrificar a ave, nem falarei sobre o destino que se dá a ela, até mesmo porque quem usar desse preceito com certeza sabe como fazê-lo, com base na sua raiz ou fundamento da nação africana que pratica e que varia muito de uma nação para a outra. Sempre é preciso ter cuidado e ter o máximo de atenção possível para não prejudicar ou ofender a comunidade, a natureza e principalmente os Orixás deste panteão.

Essas cabeças podem ser feitas sem o sacrifício de aves (corte) como oferenda, defesa ou trabalho, por qualquer pessoa, independentemente de religião, cor, raça, médiuns, leigos ou iniciante na Religião Africana, desde que tenham fé e confiança nos Orixás.

Olhos

Esses olhos do Orixá Logun edé que ensinarei a seguir, você pode usar como oferenda ou para sua própria defesa ou de alguém conhecido.

Eles devem ser levados direto ao ponto de força do Orixá. Além disso, é preciso levar uma vela na cor do Orixá. Se preferir, é possível arriar no altar dos Orixás, trocando-os a cada 15 dias mais ou menos. Para isso, despache-os na rua ou enterre-os; eles irão atrair, concentrar e canalizar energias e correntes positivas; irão condensar, dispersar e repelir energias e correntes negativas. Por isso, aconselho que quem tiver assentamento em casa, os mantenha sempre ou seguidamente arriado no mesmo local.

Os olhos podem ser colocados numa folha de mamoneiro, bananeira ou numa bandeja de papelão pequena forrada com as mesmas folhas ou papel de seda na cor pertencente ao Orixá ou forrada com algodão. Eles podem ser passados no corpo de uma pessoa necessitada, a qualquer dia e hora no seu assentamento. Caso os leve direto ao ponto de força do Orixá, faça-o de manhã cedinho, bem à tardinha ou à noite, se preferir. O mesmo vale para a hora da troca (despachar).

▶ Cozinhe duas batatas-inglesas rosa ou brancas grandes. Ainda quentes, descasque-as e amasse com uma colher formando um purê. Depois, com as mãos forme (molde) dois apetés como se fossem dois olhos um pouco maiores que um ovo. Depois de prontos, crave bem no meio de cada uma ameixa-preta seca e torne a moldá-los novamente formando os olhos. Pinte esses olhos (apeté) com óleo de dendê, mel ou com os dois juntos usando o dedo como pincel – o mel para atrair coisas boas e o óleo de dendê para defesa.

▶ Eles podem também ser oferecidos sozinhos ou numa bandeja junto com outras oferendas pertencente ao Orixá, colocados bem no meio da bandeja, um do lado do outro.

Nota importante: Esses olhos podem ser oferendados ao Orixá Logun edé como defesa, segurança ou trabalho para você, ou alguém que esteja necessitando algo importante e urgente, acompanhados do sacrifício de uma ave (galo, galinha, angolista, pombo etc.), na cor e tipo correspondente ao Orixá e a sua nação africana. Porém, esse ritual só pode ser feito por pessoas capacitadas e que tenham bastante conhecimento no assunto e principalmente <u>Axé de obé</u> (mão de faca).

Portanto esse tipo de ritual só pode ser feito por <u>Babalorixá, Yalorixá, Pai de Santo, Mãe de Santo</u> etc.

Não ensinarei a sacrificar a ave, nem falarei sobre o destino que se dá a ela, até mesmo porque quem usar desse preceito com certeza sabe como fazê-lo, com base na sua raiz ou fundamento da nação africana que pratica e que varia muito de uma nação para a outra. Sempre é preciso ter cuidado e ter o máximo de atenção possível para não prejudicar ou ofender a comunidade, a natureza e principalmente os Orixás deste panteão.

Esses olhos podem ser feitos sem o sacrifício de aves (corte) como oferenda, defesa ou trabalho, por qualquer pessoa, independentemente de religião, cor, raça, médiuns, leigos ou iniciante na Religião Africana, desde que tenham fé e confiança nos Orixás.

Obá

Apetés

Os apetés da Orixá Obá que ensinarei a seguir, você pode usar como oferenda ou para sua própria defesa ou de alguém conhecido. Eles devem ser levados direto ao ponto de força da Orixá. Além disso, é preciso levar uma vela na cor da Orixá. Se preferir, é possível arriar no altar dos Orixás, trocando-os a cada 15 dias mais ou menos. Para isso, despache-os na rua ou enterre-os; eles irão atrair, concentrar e canalizar energias e correntes positivas; irão condensar, dispersar e repelir energias e correntes negativas. Por isso, aconselho que quem tiver assentamento em casa (altar dos Orixás) os mantenha sempre ou seguidamente arriado no mesmo local.

Os apetés podem ser colocados numa folha de mamoneiro, bananeira ou numa bandeja de papelão pequena forrada com as mesmas folhas ou papel de seda na cor pertencente ao Orixá. Eles podem ser passados no corpo de uma pessoa necessitada, a qualquer dia e hora no seu assentamento. Caso os leve direto ao ponto de força do Orixá, faça-o de manhã cedinho, bem à tardinha ou à noite, se preferir. O mesmo vale para a hora da troca (despachar).

▶ Cozinhe quatro batatas-inglesas rosa ou brancas grandes. Ainda quentes, descasque-as e amasse com uma colher formando um purê. Depois, com as mãos forme (molde) um apeté como se fosse uma orelha. Não precisa ficar perfeita. Depois de pronto, pinte-o (apeté) com óleo de dendê, mel ou com os dois juntos usando o dedo como pincel – o mel para atrair coisas boas e o óleo de dendê para defesa.

► Cozinhe quatro batatas-inglesas rosa ou brancas grandes. Ainda quentes, descasque-as e amasse com uma colher formando um purê. Depois, com as mãos forme (molde) um apeté como se fosse uma roda com um furo no meio (ex.: roda de rolimã). Não precisa ficar perfeito.

Depois de pronto, pinte-o (apeté) com óleo de dendê, mel ou com os dois juntos usando o dedo como pincel – o mel para atrair coisas boas e o óleo de dendê para defesa.

► Cozinhe mais ou menos 200 gramas de feijão miúdo (o marrom), bem cozido. Escorra bem, coloque numa vasilha e amasse bem os grãos com uma colher formando um purê. Depois, com as mãos molde um apeté como se uma orelha. Não precisa ficar perfeita e se precisar coloque pedacinhos de miolo de pão para dar liga. Depois de pronto, pinte-o (apeté) com óleo de dendê, mel ou com os dois juntos usando o dedo como pincel – o mel para atrair coisas boas e o óleo de dendê para defesa.

► Cozinhe mais ou menos 200 gramas de feijão miúdo (o marrom), bem cozido. Escorra bem, coloque numa vasilha e amasse bem os grãos com uma colher formando um purê. Depois, com as mãos molde um apeté como se uma roda com um furo no meio (ex.: roda de rolimã). Não precisa ficar perfeita e se precisar coloque pedacinhos de miolo de pão para dar liga. Depois de pronto, pinte-o (apeté) com óleo de dendê, mel ou com os dois juntos usando o dedo como pincel – o mel para atrair coisas boas e o óleo de dendê para defesa.

► Esses apetés podem também ser oferecidos sozinhos ou numa bandeja junto com outras oferendas pertencente a Orixá.

Nota importante: Todos esses apetés podem ser oferendados a Orixá Obá como defesa, segurança ou trabalho para você, ou alguém que esteja necessitando algo importante e urgente, acompanhados do sacrifício de uma ave (galo, galinha, angolista, pombo etc.), na cor e tipo correspondente ao Orixá e a sua nação africana. Porém, esse ritual só pode ser feito por pessoas capacitadas e que tenham bastante conhecimento no assunto e principalmente Axé de obé (mão de faca).

Portanto esse tipo de ritual só pode ser feito por Babalorixá, Yalorixá, Pai de Santo, Mãe de Santo etc.

Não ensinarei a sacrificar a ave, nem falarei sobre o destino que se dá a ela, até mesmo porque quem usar desse preceito com certeza sabe como fazê-lo, com base na sua raiz ou fundamento da nação africana que pratica e que varia muito de uma nação para a outra. Sempre é preciso ter cuidado e ter o máximo de atenção possível para não prejudicar ou ofender a comunidade, a natureza e principalmente os Orixás deste panteão.

Esses apetés podem ser feitos sem o sacrifício de aves (corte) como oferenda, defesa ou trabalho, por qualquer pessoa, independentemente de religião, cor, raça, médiuns, leigos ou iniciante na Religião Africana, desde que tenham fé e confiança nos Orixás.

Ecós

Os ecós da Orixá Obá que ensinarei a seguir, você pode usar como oferenda ou para sua própria defesa ou de alguém conhecido. Eles atraem, concentram e canalizam energias e correntes positivas, condensam, dispersam e repelem energias e correntes negativas. Você pode mantê-los sempre arriados no altar dos Orixás, trocando-os a cada 15 dias mais ou menos. Para isso, despache-os na rua. Caso não tenha terreiro, assentamento ou altar dos Orixás em casa, você pode arriá-los atrás da porta ou num local discreto da sua casa.

Use uma vasilha de louça, vidro, alguidar ou plástica pequena, e na hora de despachar, as vasilhas retornam para ser usadas novamente. Esses ecós podem ser feitos e trocados a qualquer dia e hora, mas prefira fazê-lo pela manhã cedo, à tardinha ou à noite se preferir e não despache-os (troque) em dia de chuva.

Além desses ecós da Orixá Obá que ensinarei a seguir, existem muitos outros que não há necessidade de ensinar, pelo menos nesta obra. Entre eles: o tradicional ecó de sangue (axorô, Menga), que é feito somente em dias de corte e obrigações.

- ▶ Pegue a vasilha escolhida e coloque duas colheres de sopa de mel, um quarto de um abacaxi pequeno descascado e picado em pedacinhos bem miudinhos. Amasse bem o abacaxi e o mel com uma colher e coloque água, mexa com até misturar bem. Por último acrescente sete gotas de óleo de dendê. Esse ecó é muito bom para cortar os maus fluidos.

- ▶ Pegue a vasilha escolhida e coloque água de um coco, se precisar complete com água comum. Coloque duas colheres de sopa de mel e mexa bem até misturar o mel na água. Acrescente sete punhadinhos pequenos de farinha de mandioca (com os dedos), e sete gotas de perfume.

Observação: A farinha de mandioca pode ser substituída por farinha de milho média ou grossa, principalmente quando o assunto for dinheiro. O resto segue igual. Se preferir ao invés de amassar o abacaxi com a colher use o liquidificador com um pouquinho de água.

Calços

Os calços da Orixá Obá que ensinarei a seguir, você pode usar exclusivamente para sua própria defesa ou de alguém conhecido, jamais como oferenda. Eles atraem, concentram, canalizam, condensam, dispersam e repelem energias e correntes negativas. Você deve mantê-los sempre arriados do lado de fora da sua casa num lugar discreto, não no altar dos Orixás nem no Assentamento do Bará, trocando-os a cada 15 dias mais ou menos. Para isso, despache-os na rua ou enterre-os. Se preferir pode levar direto ao ponto de força da Orixá. Eles podem ser colocados numa folha de mamoneiro, bananeira ou numa bandeja de papelão pequena forrada com as mesmas folhas ou papel de seda na cor pertencente ao Orixá. Em hipótese alguma passe esses calços no corpo. Pode ser feito, arriado e despachado a qualquer dia e hora.

▶ Cozinhe quatro batatas-inglesas rosa ou brancas grandes. Ainda quentes e com cascas, amasse com uma colher formando um purê. Depois, com as mãos forme (molde) um apeté como se fosse uma orelha. Não precisa ficar perfeita. Depois de pronto, pinte-o (apeté) pulverizando colorau (araticum, vermelhão) ou pó de tijolo dos avermelhados (para isso rale um pedaço de tijolo se for o caso).

▶ Cozinhe quatro batatas-inglesas rosa ou brancas grandes. Ainda quentes e com cascas, amasse com uma colher formando um purê. Depois, com as mãos forme (molde) um apeté como se fosse uma roda com um furo no meio (ex.: roda de rolimã). Não precisa ficar perfeito. Depois de pronto, pinte-o (apeté) pulverizando colorau (araticum, vermelhão) ou pó de tijolo dos avermelhados (para isso rale um pedaço de tijolo se for o caso).

▶ Cozinhe quatro batatas-inglesas rosa ou brancas grandes. Ainda quentes e com cascas, amasse com uma colher formando um purê. Depois, com as mãos forme (molde) um apeté como se fosse uma orelha. Não precisa ficar perfeita. Depois de pronto, pinte-o (apeté) pulverizando pó de carvão (para isso rale um pedaço de carvão).

▶ Cozinhe quatro batatas-inglesas rosa ou brancas grandes. Ainda quentes e com cascas, amasse com uma colher formando um purê. Depois, com as mãos forme (molde) um apeté como se fosse uma

ORIXÁS – *Seguranças, Defesas e Firmezas*

roda com um furo no meio (ex.: roda de rolimã). Não precisa ficar perfeito. Depois de pronto, pinte-o (apeté), pulverizando pó de carvão (para isso rale um pedaço de carvão).

► Cozinhe quatro batatas-inglesas rosa ou brancas grandes. Ainda quentes e com cascas, amasse com uma colher formando um purê. Depois, com as mãos forme (molde) um apeté como se fosse uma orelha. Não precisa ficar perfeita. Depois de pronto, pinte-o (apeté) pulverizando farinha de trigo.

► Cozinhe quatro batatas-inglesas rosa ou brancas grandes. Ainda quentes e com cascas, amasse com uma colher formando um purê. Depois, com as mãos forme (molde) um apeté como se fosse uma roda com um furo no meio (ex.: roda de rolimã). Não precisa ficar perfeito. Depois de pronto, pinte-o (apeté), pulverizando farinha de trigo.

► Cozinhe quatro batatas-inglesas rosa ou brancas grandes. Ainda quentes e com cascas, amasse com uma colher formando um purê. Depois, com as mãos forme (molde) um apeté como se fosse uma orelha. Não precisa ficar perfeita. Depois de pronto, pinte-o (apeté) pulverizando cinza de fogão a lenha.

► Cozinhe quatro batatas-inglesas rosa ou brancas grandes. Ainda quentes e com cascas, amasse com uma colher formando um purê. Depois, com as mãos forme (molde) um apeté como se fosse uma roda com um furo no meio (ex.: roda de rolimã). Não precisa ficar perfeito. Depois de pronto, pinte-o (apeté), pulverizando cinza de fogão a lenha.

► Cozinhe mais ou menos 200 gramas de feijão miúdo (o marrom), bem cozido. Escorra bem, coloque numa vasilha e amasse os grãos com uma colher formando um purê. Depois, com as mãos molde um apeté como se fosse uma orelha. Não precisa ficar perfeita. Se precisar, coloque pedacinhos de miolo de pão para dar liga. Depois de pronto, pinte-o (apeté) pulverizando colorau (araticum, vermelhão) ou pó de tijolo dos avermelhados (para isso, rale um pedaço de tijolo se for o caso).

► Cozinhe mais ou menos 200 gramas de feijão miúdo (o marrom), bem cozido. Escorra bem, coloque numa vasilha e amasse os grãos com uma colher formando um purê. Depois, com as mãos molde um apeté como se fosse uma roda com um furo no meio (ex.: roda de rolimã). Não precisa ficar perfeita. Se precisar coloque pedacinhos de miolo de pão para dar liga. Depois de pronto, pinte-o (apeté) pulverizando colorau (araticum, vermelhão) ou pó de tijolo dos avermelhados (para isso, rale um pedaço de tijolo se for o caso).

► Cozinhe mais ou menos 200 gramas de feijão miúdo (o marrom), bem cozido. Escorra bem, coloque numa vasilha e amasse os grãos com uma colher formando um purê. Depois, com as mãos molde um apeté como se fosse uma orelha. Não precisa ficar perfeita. Se precisar coloque pedacinhos de miolo de pão para dar liga. Depois de pronto, pinte-o (apeté) pulverizando pó de carvão (para isso, rale um pedaço de carvão).

► Cozinhe mais ou menos 200 gramas de feijão miúdo (o marrom), bem cozido. Escorra bem, coloque numa vasilha e amasse os grãos com uma colher formando um purê. Depois, com as mãos molde um apeté como fosse se uma roda com um furo no meio (ex.: roda de rolimã). Não precisa ficar perfeita. Se precisar coloque pedacinhos de miolo de pão para dar liga. Depois de pronto, pinte-o (apeté) pulverizando pó de carvão (para isso, rale um pedaço de carvão).

► Cozinhe mais ou menos 200 gramas de feijão miúdo (o marrom), bem cozido. Escorra bem, coloque numa vasilha e amasse os grãos com uma colher formando um purê. Depois, com as mãos molde um apeté como se fosse uma orelha. Não precisa ficar perfeita. Se precisar coloque pedacinhos de miolo de pão para dar liga. Depois de pronto, pinte-o (apeté) pulverizando farinha de trigo.

▶ Cozinhe mais ou menos 200 gramas de feijão miúdo (o marrom), <u>bem cozido</u>. Escorra bem, coloque numa vasilha e amasse os grãos com uma colher formando um purê. Depois, com as mãos molde um apeté como se fosse uma roda com um furo no meio (ex.: roda de rolimã). Não precisa ficar perfeita. Se precisar coloque pedacinhos de miolo de pão para dar liga. Depois de pronto, pinte-o (apeté) pulverizando farinha de trigo.

▶ Cozinhe mais ou menos 200 gramas de feijão miúdo (o marrom), <u>bem cozido</u>. Escorra bem, coloque numa vasilha e amasse os grãos com uma colher formando um purê. Depois, com as mãos molde um apeté como se fosse uma orelha. Não precisa ficar perfeita. Se precisar coloque pedacinhos de miolo de pão para dar liga. Depois de pronto, pinte-o (apeté) pulverizando cinza de fogão a lenha.

▶ Cozinhe mais ou menos 200 gramas de feijão miúdo (o marrom), <u>bem cozido</u>. Escorra bem, coloque numa vasilha e amasse os grãos com uma colher formando um purê. Depois, com as mãos molde um apeté como se fosse uma roda com um furo no meio (ex.: roda de rolimã). Não precisa ficar perfeita. Se precisar coloque pedacinhos de miolo de pão para dar liga. Depois de pronto, pinte-o (apeté) pulverizando cinza de fogão a lenha.

▶ Cozinhe mais ou menos 300 gramas de feijão miúdo (o marrom), <u>bem cozido</u>. Escorra bem, coloque numa vasilha e amasse os grãos com uma colher formando um purê. Depois, com as mãos molde um apeté como se fosse uma cabeça (bola). Se precisar coloque pedacinhos de miolo de pão para dar liga.

Depois de pronto, com o dedo minguinho faça um furo de cada lado da bola como se fossem as orelhas, faça mais dois um pouco separados na frente como se fossem os olhos, abaixo dos olhos faça mais dois juntos como se fossem o nariz e abaixo do nariz um furo como se fosse a boca. Pinte com óleo de dendê, mel ou os dois juntos usando o dedo como pincel. Forre a parte de trás, os lados e a parte de cima da cabeça com algodão como se fossem os cabelos, livrando a frente, ou seja, o rosto.

Esse calço é um pouco diferente dos outros na hora de montar.

Feito a cabeça coloque numa bandeja média de papelão forrada com papel de seda na cor da Orixá ou com folha de mamoneiro, bananeira, que já deve estar pronta e com milho de galinha escolhido e cozido. Coloque a cabeça bem no meio da bandeja em cima do milho cozido (esse calço é muito bom de fazer quando o terreiro ou a casa for fazer uma festa ou homenagem aos Orixás. Diferente dos outros, você pode acender uma vela na cor referente ao Orixá ao lado da cabeça um pouquinho antes de começar a festa ou homenagem), não obrigatoriamente.

Também pode ser feito o inverso, a cabeça de milho <u>bem cozido</u> e a bandeja com feijão cozido e escorrido. O resto segue igual.

Observação: Você pode usar todos esses calços para plantar, calçar, comprar e segurar a sua casa, terreiro ou até mesmo o ponto de força do seu Orixá. Pode arriá-los no chão ou enterrar nesses locais. Coloque numa folha de mamoneiro, bananeira ou numa bandeja pequena forrada com as mesmas folhas ou papel de seda na cor do Orixá.

Você também pode escrever os nomes dos seus inimigos em um papel pequeno, dobrá-lo e colocá-lo dentro dos calços. Não acenda velas em hipótese alguma, apenas entregue para o Orixá, pedindo tudo de bom em relação a segurança, paz, tranquilidade e qualquer tipo de feitiçaria que possa ser enviado a você ou para sua casa.

Nota importante: Há uma exceção somente para as cabeças ensinadas aqui como calços. Elas também podem ser feitas, arriadas e veladas no altar dos Orixás em forma de trabalho para uma pessoa, podendo até mesmo passar essa cabeça na pessoa. Exemplo: Para dar força espiritual, saúde, para acalmar, abafar, tranquilizar, para vencer algo, trazer paz, para harmonia, para fazer um pedido etc. Ela serve tanto para um adulto como para uma criança, e também pode ser arriada sozinha ou junto com outras oferendas pertencentes ao mesmo Orixá, a que for destinada a cabeça.

Assim como os apetés e olhos pertencentes aos Orixás, essas cabeças quando arriadas no altar dos Orixás podem ser acompanhadas do sacrifício de uma ave (galo, galinha, angolista, pombo etc.), na cor e tipo correspondente ao Orixá e a sua nação africana. Porém, esse ritual só pode ser feito por pessoas capacitadas e que tenham conhecimento no assunto e principalmente <u>Axé de obé</u> (mão de faca).

Portanto esse tipo de ritual só pode ser feito por <u>Babalorixá, Yalorixá, Pai de Santo, Mãe de Santo</u> etc.

Não ensinarei a sacrificar a ave, nem falarei sobre o destino que se dá a ela, até mesmo porque quem usar desse preceito com certeza sabe como fazê-lo, com base na sua raiz ou fundamento da nação africana que pratica e que varia muito de uma nação para a outra. Sempre é preciso ter cuidado e ter o máximo de atenção possível para não prejudicar ou ofender a comunidade, a natureza e principalmente os Orixás deste panteão.

Essas cabeças podem ser feitas sem o sacrifício de aves (corte) como oferenda, defesa ou trabalho, por qualquer pessoa, independentemente de religião, cor, raça, médiuns, leigos ou iniciante na Religião Africana, desde que tenham fé e confiança nos Orixás.

Olhos

Esses olhos da Orixá Obá que ensinarei a seguir, você pode usar como oferenda ou para sua própria defesa ou de alguém conhecido. Eles devem ser levados direto ao ponto de força do Orixá. Além disso, é preciso levar uma vela na cor do Orixá. Se preferir, é possível arriar esses olhos no altar dos Orixás, trocando-os a cada 15 dias mais ou menos. Para isso, despache-os na rua ou enterre-os; eles irão atrair, concentrar e canalizar energias e correntes positivas; irão condensar, dispersar e repelir energias e correntes negativas. Por isso, aconselho que, quem tiver assentamento em casa, os mantenha sempre ou seguidamente arriado no mesmo local.

Os olhos podem ser colocados em folhas de mamoneiro ou numa bandeja de papelão forrada com essas folhas ou papel de seda da cor do Orixá, ou forrada com algodão. Eles podem ser passados no corpo de uma pessoa necessitada, a qualquer dia e hora no seu assentamento. Caso os leve direto ao ponto de força do Orixá, faça-o de manhã cedinho, bem à tardinha ou à noite, se preferir. O mesmo vale para a hora da troca (despachar).

► Cozinhe duas batatas-inglesas rosa ou brancas grandes. Ainda quentes, descasque-as e amasse com uma colher formando um purê. Depois, com as mãos forme (molde) dois apetés como se fossem dois olhos um pouco maiores que um ovo.

Depois de prontos, crave bem no meio de cada uma ameixa-preta seca e torne a moldá-los novamente formando os olhos. Pinte esses olhos (apeté) com óleo de dendê, mel ou com os dois juntos usando o dedo como pincel – o mel para atrair coisas boas e o óleo de dendê para defesa.

► Podem também ser oferecidos sozinhos ou numa bandeja junto com outras oferendas pertencente ao Orixá, colocados bem no meio da bandeja, um do lado do outro.

Nota importante: Esses olhos podem ser oferendados a Orixá Obá como defesa, segurança ou trabalho para você, ou alguém que esteja necessitando algo importante e urgente, acompanhados do sacrifício de uma ave (galo, galinha, angolista, pombo etc.), na cor e tipo correspondente ao Orixá e a sua nação africana. Porém, esse ritual só pode ser feito por pessoas capacitadas e que tenham bastante conhecimento no assunto e principalmente Axé de obé (mão de faca).

Portanto esse tipo de ritual só pode ser feito por Babalorixá, Yalorixá, Pai de Santo, Mãe de Santo etc.

Não ensinarei a sacrificar a ave, nem falarei sobre o destino que se dá a ela, até mesmo porque quem usar desse preceito com certeza sabe como fazê-lo, com base na sua raiz ou fundamento da nação africana que pratica e que varia muito de uma nação para a outra. Sempre é preciso ter cuidado e ter o máximo de atenção possível para não prejudicar ou ofender a comunidade, a natureza e principalmente os Orixás deste panteão.

Esses olhos podem ser feitos sem o sacrifício de aves (corte) como oferenda, defesa ou trabalho, por qualquer pessoa, independentemente de religião, cor, raça, médiuns, leigos ou iniciante na Religião Africana, desde que tenham fé e confiança nos Orixás.

Ossain

Apetés

Os apetés do Orixá Ossain que ensinarei a seguir, você pode usar como oferenda ou para sua própria defesa ou de alguém conhecido. Eles devem ser levados direto ao ponto de força do Orixá. Além disso, é preciso levar uma vela na cor do Orixá. Se preferir, é possível arriar esses apetés no seu altar dos Orixás, trocando-os a cada 15 dias mais ou menos. Para isso, despache-os na rua ou enterre-os; eles irão atrair, concentrar e canalizar energias e correntes positivas; irão condensar, dispersar e repelir energias e correntes negativas. Por isso, aconselho que quem tiver assentamento em casa, os mantenha sempre ou seguidamente arriado no mesmo local.

Os apetés podem ser colocados em folhas de mamoneiro, bananeira ou numa bandeja de papelão forrada com essas folhas ou papel de seda da cor do Orixá. Eles podem ser passados no corpo de uma pessoa necessitada, a qualquer dia e hora no seu assentamento (altar dos Orixás). Caso os leve direto ao ponto de força do Orixá, faça-o de manhã cedinho, bem à tardinha ou à noite, se preferir. O mesmo vale para a hora da troca (despachar).

> ► Cozinhe três batatas-inglesas. Ainda quentes, descasque-as e amasse com uma colher formando um purê. Depois, com as mãos forme (molde) um apeté como se fosse uma pirâmide redonda, levemente

arredondada na ponta (é o mesmo apeté do Bará, porém não é pontudo). Depois de pronto, pinte-o (apeté) com óleo de dendê, mel ou com os dois juntos usando o dedo como pincel – o mel para atrair coisas boas e o óleo de dendê para defesa.

▶ Cozinhe três batatas-inglesas grandes. Ainda quentes, descasque--as e amasse com uma colher formando um purê. Depois, com as mãos forme (molde) um apeté como se fosse um casco de cágado (tartaruga). Depois de pronto, pinte-o (apeté) com óleo de dendê, mel ou com os dois juntos usando o dedo como pincel – o mel para atrair coisas boas e o óleo de dendê para defesa.

▶ Cozinhe cinco batatas-inglesas grandes. Ainda quentes, descasque--as e amasse com uma colher formando um purê. Depois espalhe esse purê em cima de um papelão ou um papel grosso qualquer, redondo, maior que a sua mão aberta. Ajeite bem o purê em cima do papelão como se fosse uma massa de pizza ou uma polenta. Após coloque a sua mão direita aberta em cima desse purê e risque com o cabo da colher (desenhe) a sua mão. depois, com o cabo da colher tire os excessos do purê que não fazem parte do risco (desenho) que forma a sua mão.

Com uma tesoura recorte bem rente aos dedos e a volta da mão os excessos do papelão e você terá a cópia da sua mão em forma de apeté. Tenha cuidado na hora de usar a tesoura, ajeite bem a mão. Não precisa ficar perfeito. Depois de pronto, pinte-o (apeté) com mel usando o dedo como pincel.

Use uma colher com cabo de metal para fazer o risco e tirar os excessos do purê – não pode usar faca nem garfo. Crave sete moedas, uma em cada dedo e duas no centro da mão. Essa mesma mão também pode ser feita de batata-doce, e é ótima para dinheiro. Sem as moedas também serve para quem tiver problemas nas mãos.

► Esses apetés podem também ser oferecidos sozinhos ou numa bandeja junto com outras oferendas pertencente ao Orixá.

Nota importante: Todos esses apetés podem ser oferendados ao Orixá Ossain como <u>defesa, segurança ou trabalho</u> para você, ou alguém que esteja necessitando algo importante e urgente, acompanhados do sacrifício de uma ave (galo, galinha, angolista, pombo etc.), na cor e tipo correspondente ao Orixá e a sua nação africana. Porém, esse ritual só pode ser feito por pessoas capacitadas e que tenham bastante conhecimento no assunto e principalmente <u>Axé de obé</u> (mão de faca).

Portanto esse tipo de ritual só pode ser feito por <u>Babalorixá, Yalorixá, Pai de Santo, Mãe de Santo</u> etc.

Não ensinarei a sacrificar a ave, nem falarei sobre o destino que se dá a ela, até mesmo porque quem usar desse preceito com certeza sabe como fazê-lo, com base na sua raiz ou fundamento da nação africana que pratica e que varia muito de uma nação para a outra. Sempre é preciso ter cuidado e ter o máximo de atenção possível para não prejudicar ou ofender a comunidade, a natureza e principalmente os Orixás deste panteão.

Esses apetés podem ser feitos sem o sacrifício de aves (corte) como oferenda, defesa ou trabalho, por qualquer pessoa, independentemente de religião, cor, raça, médiuns, leigos ou iniciante na Religião Africana, desde que tenham fé e confiança nos Orixás.

Ecós

Esses ecós do Orixá Ossain que ensinarei a seguir, você pode usar como oferenda ou para sua própria defesa ou de alguém conhecido. Eles atraem, concentram e canalizam energias e correntes positivas; condensam, dispersam e repelem energias e correntes negativas. Você pode mantê-los sempre arriados no altar dos Orixás, trocando-os a cada 15 dias mais ou menos, despachando na rua. Caso não tenha terreiro ou assentamento do Orixá em sua casa, você pode arriá-los atrás da porta ou num lugar discreto da sua casa.

Use uma vasilha de louça, vidro, alguidar ou plástica pequena, e na hora de despachar, as vasilhas retornam para ser usadas novamente. Esses ecós podem ser feitos e trocados a qualquer dia e hora, mas prefira fazê--lo pela manhã cedo, à tardinha ou à noite se preferir e não despache-os (troque) em dia de chuva.

Além desses ecós do Orixá Ossain que ensinarei a seguir, existem muitos outros que não há necessidade de ensinar, pelo menos nesta obra. Entre eles: o tradicional ecó de sangue (axorô, Menga), que é feito somente em dias de corte e obrigações.

- ▶ Pegue a vasilha escolhida e coloque água, duas colheres de sopa de mel e mexa bem. Acrescente sete punhadinhos pequenos de farinha de mandioca (com os dedos), sete gotas de perfume e 21 gotas de limão. Esse ecó afasta doenças de dentro de casa.

- ▶ Pegue a vasilha escolhida e coloque água, duas colheres de sopa de mel e mexa bem. Acrescente sete punhadinhos pequenos de erva-mate (com os dedos) e sete gotas de perfume. Esse ecó afasta doenças espirituais.

- ▶ Ferva 14 folhas de uma das ervas de Ossain (14 folhas da mesma erva), por exemplo, guiné, alevante, ôro, dinheirinho, fortuna, dólar, alface etc. Espere esfriar, tire as folhas e coloque o chá na vasilha escolhida. Coloque duas colheres de sopa de mel e mexa bem. Acrescente sete punhadinhos pequenos de farinha de mandioca (com os dedos), sete gotas de óleo de dendê e sete gotas de perfume. Ecó de defesa.

Observação: Você pode substituir a farinha de mandioca por farinha de milho média ou grossa, principalmente quando o assunto for dinheiro. O resto segue igual.

Calços

Esses calços do Orixá Ossain que ensinarei a seguir, você deve usar exclusivamente para sua própria defesa ou de alguém conhecido. Jamais os use como oferenda. Eles atraem, concentram, canalizam, condensam, dispersam e repelem energias e correntes negativas. Você deve mantê-los sempre arriados no lado de fora da sua casa em um locar discreto. Não os coloque no Assentamento do Bará, nem no altar dos Orixás. Troque-os a cada 15 dias mais ou menos, despachando na rua.

Se preferir, você pode levá-los direto no ponto de força do Orixá. Eles podem ser colocados numa folha de mamoneiro, bananeira ou numa bandeja de papelão pequena forrada com as mesmas folhas ou papel de seda da cor do Orixá. Em hipótese alguma esses calços devem ser passados no corpo. Eles podem ser feitos, arriados e despachados a qualquer dia e hora, inclusive enterrando no local.

► Cozinhe 1 quilo de batatas-inglesas. Ainda quentes, descasque-as e amasse com uma colher formando um purê. Depois, com as mãos forme (molde) um apeté em forma de uma bola como se fosse uma cabeça.

Depois de pronto, com o dedo minguinho faça um furo de cada lado da bola como se fossem as orelhas, faça mais dois furos um pouco separados um do outro na frente como se fossem os olhos, abaixo dos olhos faça mais dois furos juntos como se fossem o nariz e abaixo do nariz um furo como se fosse a boca. Pinte essa cabeça com óleo de dendê, usando o dedo como pincel. Forre a parte de trás, os lados e a parte de cima da cabeça com algodão como se fossem os cabelos da cabeça, livrando a frente dela, ou seja, o rosto.

Esse calço é um pouco diferente dos outros na hora de montar.

Feita a cabeça, coloque-a numa bandeja média de papelão forrada com papel de seda na cor do Orixá ou com folha de mamoneiro, bananeira, que já deve estar pronta e com miamiã gordo e doce (farofa de

ORIXÁS – *Seguranças, Defesas e Firmezas*

farinha de mandioca misturada com mel e óleo de dendê). Coloque a cabeça bem no meio da bandeja em cima do miamiã (esse calço é muito bom para quando o terreiro ou a casa for fazer uma festa ou homenagem aos Orixás e, para este, você pode acender uma vela na cor do Orixá ao lado da cabeça um pouquinho antes de começar a festa ou homenagem), não obrigatoriamente.

► Cozinhe três batatas-inglesas médias. Ainda quentes e com cascas, amasse-as com uma colher formando um purê. Depois, com as mãos forme (molde) um apeté como se fosse uma pirâmide redonda, levemente arredondada na ponta (é o mesmo apeté do Bará, porem não é pontudo). Depois de pronto, pinte-o (apeté) pulverizando colorau (araticum, vermelhão) ou pó de tijolo dos avermelhados (para isso, rale um pedaço de tijolo se for o caso).

► Cozinhe três batatas-inglesas grandes. Ainda quentes e com cascas, amasse-as com uma colher formando um purê. Depois, com as mãos forme (molde) um apeté como se fosse um casco de cágado (tartaruga). Depois de pronto, pinte-o (apeté) pulverizando colorau (araticum, vermelhão) ou pó de tijolo dos avermelhados (para isso, rale um pedaço de tijolo se for o caso).

► Cozinhe três batatas-inglesas. Ainda quentes e com cascas, amasse-as com uma colher formando um purê. Depois, com as mãos forme (molde) um apeté como se fosse uma pirâmide redonda, levemente arredondada na ponta (é o mesmo apeté do Bará, porém não é pontudo). Depois de pronto, pinte-o (apeté) pulverizando pó de carvão (para isso, rale um pedaço de carvão).

► Cozinhe três batatas-inglesas grandes. Ainda quentes e com cascas, amasse-as com uma colher formando um purê. Depois, com as mãos forme (molde) um apeté como se fosse um casco de cágado (tartaruga). Depois de pronto, pinte-o (apeté) pulverizando pó de carvão (para isso, rale um pedaço de carvão).

▶ Cozinhe três batatas-inglesas. Ainda quentes e com cascas, amasse--as com uma colher formando um purê. Depois, com as mãos forme (molde) um apeté como se fosse uma pirâmide redonda, levemente arredondada na ponta (é o mesmo apeté do Bará, porém não é pontudo). Depois de pronto, pinte-o (apeté) pulverizando farinha de trigo.

▶ Cozinhe três batatas-inglesas grandes. Ainda quentes e com cascas, amasse-as com uma colher formando um purê. Depois, com as mãos forme (molde) um apeté como se fosse um casco de cágado (tartaruga). Depois de pronto, pinte-o (apeté) pulverizando farinha de trigo.

▶ Cozinhe três batatas-inglesas. Ainda quentes e com cascas, amasse--as com uma colher formando um purê. Depois, com as mãos forme (molde) um apeté como se fosse uma pirâmide redonda, levemente arredondada na ponta (é o mesmo apeté do Bará, porém não é pontudo). Depois de pronto, pinte-o (apeté) pulverizando cinza de fogão a lenha.

▶ Cozinhe três batatas-inglesas grandes. Ainda quentes e com cascas, amasse-as com uma colher formando um purê. Depois, com as mãos forme (molde) um apeté como se fosse um casco de cágado (tartaruga). Depois de pronto, pinte-o (apeté) pulverizando cinza de fogão a lenha.

Observação: Você pode usar todos esses calços para plantar, calçar, comprar e segurar a sua casa, terreiro ou até mesmo o ponto de força do seu Orixá. Pode arriá-los no chão ou enterrar nesses locais. Coloque numa folha de mamoneiro, bananeira ou numa bandeja pequena forrada com as mesmas folhas ou papel de seda na cor do Orixá.

Você também pode escrever os nomes dos seus inimigos em um papel pequeno, dobrá-lo e colocá-lo dentro dos calços. Não acenda velas em hipótese alguma, apenas entregue para o Orixá, pedindo tudo de bom em relação a segurança, paz, tranquilidade e qualquer tipo de feitiçaria que possa ser enviado a você ou para sua casa.

Nota importante: Há uma exceção somente para as cabeças ensinadas aqui como calços. Elas também podem ser feitas, arriadas e veladas no altar dos Orixás em forma de trabalho para uma pessoa, podendo até mesmo passar essa cabeça na pessoa. Exemplo: Para dar força espiritual, saúde, para acalmar, abafar, tranquilizar, para vencer algo, trazer paz, para harmonia, para fazer um pedido etc. Ela serve tanto para um adulto como para uma criança, e também pode ser arriada sozinha ou junto com outras oferendas pertencentes ao mesmo Orixá, a que for destinada a cabeça.

Assim como os apetés e olhos pertencentes aos Orixás, essas cabeças quando arriadas no altar dos Orixás podem ser acompanhadas do sacrifício de uma ave (galo, galinha, angolista, pombo etc.), na cor e tipo correspondente ao Orixá e a sua nação africana. Porém, esse ritual só pode ser feito por pessoas capacitadas e que tenham conhecimento no assunto e principalmente <u>Axé de obé</u> (mão de faca).

Portanto esse tipo de ritual só pode ser feito por <u>Babalorixá, Yalorixá, Pai de Santo, Mãe de Santo</u> etc.

Não ensinarei a sacrificar a ave, nem falarei sobre o destino que se dá a ela, até mesmo porque quem usar desse preceito com certeza sabe como fazê-lo, com base na sua raiz ou fundamento da nação africana que pratica e que varia muito de uma nação para a outra. Sempre é preciso ter cuidado e ter o máximo de atenção possível para não prejudicar ou ofender a comunidade, a natureza e principalmente os Orixás deste panteão.

Essas cabeças podem ser feitas sem o sacrifício de aves (corte) como oferenda, defesa ou trabalho, por qualquer pessoa, independentemente de religião, cor, raça, médiuns, leigos ou iniciante na Religião Africana, desde que tenham fé e confiança nos Orixás.

Olhos

Esses olhos do Orixá Ossain que ensinarei a seguir, você pode levar como oferenda ou defesa sua, ou de alguém conhecido, direto no ponto de força do Orixá, juntamente com uma vela na cor pertencente ao mesmo ou se preferir pode arriar no altar dos Orixás, trocando a mais ou menos 15 dias despachando na rua ou enterrando, eles atraem, concentram e canalizam energias e correntes positivas; condensam, dispersam e repulsam, energias e correntes negativas, por esse motivo aconselho quem tem altar dos Orixás em casa, mantê-los sempre ou seguidamente arriado no mesmo.

Podem ser colocados numa folha de mamoneiro, bananeira ou numa bandeja de papelão pequena forrada com as mesmas folhas ou papel de seda na cor pertencente ao Orixá, ou forrada com algodão, e pode ser passado no corpo de uma pessoa que estiver necessitando algo.

Pode ser feito e colocado qualquer dia e hora no altar dos Orixás, ou se for levar direto no ponto de força do Orixá, dê preferência pela manhã cedo, à tardinha ou à noite, menos com chuva. O mesmo vale na hora da troca, ou seja, na hora de despachar.

► Cozinhe duas batatas-inglesas grandes. Ainda quentes, descasque--as e amasse com uma colher formando um purê. Depois, com as mãos forme (molde) dois apetés como se fossem dois olhos um pouco maiores que um ovo. Depois de prontos, crave bem no meio de cada um uma ameixa-preta seca e torne a moldá-los novamente formando os olhos. Pinte esses olhos (apeté) com óleo de dendê, mel ou com os dois juntos usando o dedo como pincel – o mel para atrair coisas boas e o óleo de dendê para defesa.

► Podem também ser oferecidos sozinhos ou numa bandeja junto com outras oferendas pertencente ao Orixá, colocados bem no meio da bandeja, um do lado do outro.

Nota importante: Esses olhos podem ser oferendados ao Orixá Ossain como defesa, segurança ou trabalho para você, ou alguém que esteja necessitando algo importante e urgente, acompanhados do sacrifício de uma ave (galo, galinha, angolista, pombo etc.), na cor e tipo correspondente ao Orixá e a sua nação africana. Porém, esse ritual só pode ser feito por pessoas capacitadas e que tenham bastante conhecimento no assunto e principalmente Axé de obé (mão de faca).

Portanto esse tipo de ritual só pode ser feito por Babalorixá, Yalorixá, Pai de Santo, Mãe de Santo etc.

Não ensinarei a sacrificar a ave, nem falarei sobre o destino que se dá a ela, até mesmo porque quem usar desse preceito com certeza sabe como fazê-lo, com base na sua raiz ou fundamento da nação africana que pratica e que varia muito de uma nação para a outra. Sempre é preciso ter cuidado e ter o máximo de atenção possível para não prejudicar ou ofender a comunidade, a natureza e principalmente os Orixás deste panteão.

Esses olhos podem ser feitos sem o sacrifício de aves (corte) como oferenda, defesa ou trabalho, por qualquer pessoa, independentemente de religião, cor, raça, médiuns, leigos ou iniciante na Religião Africana, desde que tenham fé e confiança nos Orixás.

Xapanã, Omolu, Obaluaiê

Apetés

Os apetés do Orixá Xapanã que ensinarei a seguir, você pode usar como oferenda ou para sua própria defesa ou de alguém conhecido. Eles devem ser levados direto ao ponto de força do Orixá. Além disso, é preciso levar uma vela na cor do Orixá. Se preferir, é possível arriar esses apetés no seu altar dos Orixás, trocando-os a cada 15 dias mais ou menos. Para isso, despache-os na rua ou enterre-os; eles irão atrair, concentrar e canalizar energias e correntes positivas; irão condensar, dispersar e repelir energias e correntes negativas. Por isso, aconselho que quem tiver assentamento em casa, os mantenha sempre ou seguidamente arriado no mesmo local.

Os apetés podem ser colocados em folhas de mamoneiro, bananeira ou numa bandeja de papelão forrada com essas folhas ou papel de seda da cor do Orixá. Eles podem ser passados no corpo de uma pessoa necessitada, a qualquer dia e hora no seu assentamento (altar dos Orixás). Caso os leve direto ao ponto de força do Orixá, faça-o de manhã cedinho, bem à tardinha ou à noite, se preferir. O mesmo vale para a hora da troca (despachar).

▶ Cozinhe três batatas-inglesas. Ainda quentes, descasque-as e amasse com uma colher formando um purê. Depois, com as mãos forme (molde) um apeté como se fosse o número 8 (faça uma bola do purê e aperte aos poucos no meio até ficar parecida com o número 8). Não precisa ficar perfeita. Depois de pronto, pinte-o com óleo de dendê, mel ou com os dois juntos usando o dedo como pincel – o mel para atrair coisas boas e o óleo de dendê para defesa.

Observação: Depois de pronto, se quiser, você pode decorar esse apeté com grãos de milho torrado bem escuros, feijão torrado ou amendoim torrado, ou até mesmo dois ou três desses itens juntos. Ele pode também ser oferecido sozinho ou numa bandeja junto com outras oferendas pertencentes ao Orixá.

Nota importante: Esse apeté pode ser oferendado ao Orixá Xapanã como defesa, segurança ou trabalho para você, ou alguém que esteja necessitando algo importante e urgente, acompanhados do sacrifício de uma ave (galo, galinha, angolista, pombo etc.), na cor e tipo correspondente ao Orixá e a sua nação africana. Porém, esse ritual só pode ser feito por pessoas capacitadas e que tenham bastante conhecimento no assunto e principalmente Axé de obé (mão de faca).

Portanto esse tipo de ritual só pode ser feito por Babalorixá, Yalorixá, Pai de Santo, Mãe de Santo etc.

Não ensinarei a sacrificar a ave, nem falarei sobre o destino que se dá a ela, até mesmo porque quem usar desse preceito com certeza sabe como fazê-lo, com base na sua raiz ou fundamento da nação africana que pratica e que varia muito de uma nação para a outra. Sempre é preciso ter cuidado e ter o máximo de atenção possível para não prejudicar ou ofender a comunidade, a natureza e principalmente os Orixás deste panteão.

Esses apetés podem ser feitos sem o sacrifício de aves (corte) como oferenda, defesa ou trabalho, por qualquer pessoa, independentemente de religião, cor, raça, médiuns, leigos ou iniciante na Religião Africana, desde que tenham fé e confiança nos Orixás.

Ecós

Esses ecós do Orixá Xapanã que ensinarei a seguir, você pode usar como oferenda ou para sua própria defesa ou de alguém conhecido.

Eles atraem, concentram e canalizam energias e correntes positivas; condensam, dispersam e repelem energias e correntes negativas. Você pode mantê-los sempre arriados no altar dos Orixás, trocando-os a cada 15 dias mais ou menos, despachando na rua. Caso não tenha terreiro ou assentamento do Orixá em sua casa, você pode arriá-los atrás da porta ou num lugar discreto da sua casa.

Use uma vasilha de louça, vidro, alguidar ou plástica pequena e na hora de despachar, as vasilhas retornam para ser usadas novamente. Esses ecós podem ser feitos e trocados a qualquer dia e hora, mas prefira fazê-lo pela manhã cedo, à tardinha ou à noite se preferir e não despache-os (troque) em dia de chuva.

Além desses ecós do Orixá Xapanã que ensinarei a seguir, existem muitos outros que não há necessidade de ensinar, pelo menos nesta obra. Entre eles: o tradicional ecó de sangue (axorô, Menga), que é feito somente em dias de corte e obrigações.

▶ Ferva uma colher de cacau com água o suficiente para encher a vasilha escolhida. Espere esfriar e coloque na vasilha. Acrescente uma colher de sopa de mel, mexa com até misturar bem, e por último acrescente sete gotas de óleo de dendê. Esse ecó é ótimo contra feitiçarias enviadas em forma de feridas.

▶ Pegue a vasilha escolhida e coloque água, duas colheres de sopa de mel e mexa bem até misturar. Acrescente sete punhadinhos pequenos de café em pó (com os dedos) e sete gotas de óleo de dendê. Esse ecó é ótimo contra feitiçarias envolvendo eguns.

▶ Pegue a vasilha escolhida e coloque sete colheres de sopa de caldo de feijão-preto ou branco e complete com água (não precisa cozinhar o feijão especialmente para fazer esse ecó, pode pegar algumas colheradas do feijão que fizer para sua casa, porém tire as sete colheres antes de temperá-lo). Coloque uma colher de sopa de mel e mexa até misturar bem, acrescente sete punhadinhos pequenos de farinha de mandioca (com os dedos) e sete gotas de óleo de dendê. Ecó de defesa.

Observação: Você pode substituir a farinha de mandioca por farinha de milho média ou grossa, principalmente quando o assunto for dinheiro. No ecó com o caldo de feijão, se preferir elimine a água e coloque só o caldo de feijão, desde que não esteja muito grosso. O resto segue igual.

Calços

Esses calços do Orixá Xapanã que ensinarei a seguir, você deve usar exclusivamente como defesa sua ou de alguém conhecido. Jamais como oferenda. Eles atraem, concentram, canalizam condensam, dispersam e repelem energias e correntes negativas. Você deve mantê-los sempre arriados no lado de fora da sua casa em um locar discreto. Não os coloque no Assentamento do Bará, nem no altar dos Orixás. Troque-os a cada 15 dias mais ou menos, despachando na rua.

Se preferir, você pode levá-los direto no ponto de força do Orixá. Eles podem ser colocados numa folha de mamoneiro, bananeira ou numa bandeja de papelão pequena forrada com as mesmas folhas ou papel de seda da cor do Orixá. Em hipótese alguma esses calços devem ser passados no corpo. Eles podem ser feitos, arriados e despachados a qualquer dia e hora, inclusive enterrando no local.

► Cozinhe três batatas-inglesas. Ainda quentes e com cascas, amasse-as com uma colher formando um purê. Depois, com as mãos forme (molde) um apeté como se fosse o numero 8 (faça uma bola do purê e aperte aos poucos no meio até ficar parecida com o número 8). Não precisa ficar perfeita. Depois de pronto, pinte-o pulverizando colorau (araticum, vermelhão) ou pó de tijolo dos avermelhados (para isso, rale um pedaço de tijolo se for o caso).

- Cozinhe três batatas-inglesas. Ainda quentes e com cascas, amasse-as com uma colher formando um purê. Depois, com as mãos forme (molde) um apeté como se fosse o numero 8 (faça uma bola do purê e aperte aos poucos no meio até ficar parecida com o número 8). Não precisa ficar perfeita. Depois de pronto, pinte-o pulverizando pó de carvão (para isso, rale um pedaço de carvão).

- Cozinhe três batatas-inglesas. Ainda quentes e com cascas, amasse-as com uma colher formando um purê. Depois, com as mãos forme (molde) um apeté como se fosse o numero 8 (faça uma bola do purê e aperte aos poucos no meio até ficar parecida com o número 8). Não precisa ficar perfeita. Depois de pronto, pinte-o pulverizando farinha de trigo.

- Cozinhe três batatas-inglesas. Ainda quentes e com cascas, amasse-as com uma colher formando um purê. Depois, com as mãos forme (molde) um apeté como se fosse o numero 8 (faça uma bola do purê e aperte aos poucos no meio até ficar parecida com o número 8). Não precisa ficar perfeita. Depois de pronto, pinte-o pulverizando cinza de fogão a lenha.

- Cozinhe três batatas-inglesas. Ainda quentes e com cascas, amasse-as com uma colher formando um purê. Depois, com as mãos forme (molde) um apeté como se fosse o numero 8 (faça uma bola do purê e aperte aos poucos no meio até ficar parecida com o número 8). Não precisa ficar perfeita. Depois de pronto, pinte-o pulverizando pó de café.

- Cozinhe mais ou menos 300 gramas de feijão-preto, bem cozidos. Escorra bem, coloque numa vasilha e amasse os grãos com uma colher formando um purê. Depois, junte essa massa em suas mãos e molde um apeté como se fosse uma cabeça (bola), se precisar coloque pedacinhos de miolo de pão para dar liga.

ORIXÁS – Seguranças, Defesas e Firmezas

Depois de pronto, com o dedo mindinho faça um furo de cada lado da bola como se fossem as orelhas, faça mais dois furos um pouco separados um do outro na frente como se fossem os olhos, abaixo dos olhos faça mais dois furos juntos como se fossem o nariz e abaixo do nariz um furo como se fosse a boca. Pinte essa cabeça com óleo de dendê, usando o dedo como pincel. Forre a parte de trás, os lados e a parte de cima da cabeça com algodão como se fossem os cabelos da cabeça, livrando a frente dela, ou seja, o rosto.

Esse calço é um pouco diferente dos outros na hora de montar.

Feita a cabeça, coloque-a numa bandeja média de papelão forrada com papel de seda na cor do Orixá ou com folha de mamoneiro, bananeira, que já deve estar pronta e com milho de galinha torrado bem escuro ou amendoim torrado ou pipoca. Coloque a cabeça bem no meio da bandeja em cima do milho torrado (esse calço é muito bom para quando o terreiro ou a casa for fazer uma festa ou homenagem aos Orixás e, para este, você pode acender uma vela na cor do Orixá ao lado da cabeça um pouquinho antes de começar a festa ou homenagem), não obrigatoriamente.

▶ Esse ecó também é um ótimo calço contra eguns e feitiçarias, enviados contra você sua casa ou seu terreiro.

Pegue uma vasilha para ecó das citadas anteriormente, coloque água e nove colherinhas de pó de café e nove gotas de óleo de dendê. Coloque essa vasilha na entrada do portão, na frente da casa ou no fundo do pátio e troque a cada 15 dias, como foi ensinado na parte dos ecós. Não se esqueça de colocar uma proteção qualquer contra a chuva.

Observação: Você pode usar todos esses calços para plantar, calçar, comprar e segurar a sua casa, terreiro ou até mesmo o ponto de força do seu Orixá. Pode arriá-los no chão ou enterrar nesses locais. Coloque numa folha de mamoneiro, bananeira ou numa bandeja pequena forrada com as mesmas folhas ou papel de seda na cor do Orixá.

Você também pode escrever os nomes dos seus inimigos em um papel pequeno, dobrá-lo e colocá-lo dentro dos calços. Não acenda velas em hipótese alguma, apenas entregue para o Orixá, pedindo tudo de bom em relação a segurança, paz, tranquilidade e qualquer tipo de feitiçaria que possa ser enviado a você ou para sua casa.

Nota importante: Há uma exceção somente para as cabeças ensinadas aqui como calços. Elas também podem ser feitas, arriadas e veladas no altar dos Orixás em forma de trabalho para uma pessoa, podendo até mesmo passar essa cabeça na pessoa. Exemplo: Para dar força espiritual, saúde, para acalmar, abafar, tranquilizar, para vencer algo, trazer paz, para harmonia, para fazer um pedido etc. Ela serve tanto para um adulto como para uma criança, e também pode ser arriada sozinha ou junto com outras oferendas pertencentes ao mesmo Orixá, a que for destinada a cabeça.

Assim como os apetés e olhos pertencentes aos Orixás, essas cabeças quando arriadas no altar dos Orixás podem ser acompanhadas do sacrifício de uma ave (galo, galinha, angolista, pombo etc.), na cor e tipo correspondente ao Orixá e a sua nação africana. Porém, esse ritual só pode ser feito por pessoas capacitadas e que tenham conhecimento no assunto e principalmente <u>Axé de obé</u> (mão de faca).

Portanto esse tipo de ritual só pode ser feito por <u>Babalorixá, Yalorixá, Pai de Santo, Mãe de Santo</u> etc.

Não ensinarei a sacrificar a ave, nem falarei sobre o destino que se dá a ela, até mesmo porque quem usar desse preceito com certeza sabe como fazê-lo, com base na sua raiz ou fundamento da nação africana que pratica e que varia muito de uma nação para a outra. Sempre é preciso ter cuidado e ter o máximo de atenção possível para não prejudicar ou ofender a comunidade, a natureza e principalmente os Orixás deste panteão.

Essas cabeças podem ser feitas sem o sacrifício de aves (corte) como oferenda, defesa ou trabalho, por qualquer pessoa, independentemente de religião, cor, raça, médiuns, leigos ou iniciante na Religião Africana, desde que tenham fé e confiança nos Orixás.

Olhos

Esses olhos do Orixá Xapanã que ensinarei a seguir, você pode usar como oferenda ou para sua própria defesa ou de alguém conhecido. Eles devem ser levados direto ao ponto de força do Orixá. Além disso, é preciso levar uma vela na cor do Orixá. Se preferir, é possível arriar esses olhos no altar dos Orixás, trocando-os a cada 15 dias mais ou menos. Para isso, despache-os na rua ou enterre-os; eles irão atrair, concentrar e canalizar energias e correntes positivas; irão condensar, dispersar e repelir energias e correntes negativas. Por isso, aconselho que quem tiver assentamento em casa, os mantenha sempre ou seguidamente arriado no mesmo local.

Os olhos podem ser colocados em folhas de mamoneiro, bananeira ou numa bandeja de papelão forrada com essas folhas ou papel de seda da cor do Orixá, ou forrada com algodão. Eles podem ser passados no corpo de uma pessoa necessitada, a qualquer dia e hora no seu assentamento. Caso os leve direto ao ponto de força do Orixá, faça-o de manhã cedinho, bem à tardinha ou à noite, se preferir. O mesmo vale para a hora da troca (despachar).

▶ Cozinhe duas batatas-inglesas grandes. Ainda quentes, descasque-as e amasse com uma colher formando um purê. Depois, com as mãos forme (molde) dois apetés como se fossem dois olhos um pouco maiores que um ovo. Depois de prontos, crave bem no meio de cada uma ameixa-preta seca e torne a moldá-los novamente formando os olhos. Pinte esses olhos (apeté) com óleo de dendê, mel ou com os dois juntos usando o dedo como pincel – o mel para atrair coisas boas e o óleo de dendê para defesa.

▶ Podem também ser oferecidos sozinhos ou numa bandeja junto com outras oferendas pertencente ao Orixá, colocados bem no meio da bandeja, um do lado do outro.

Nota importante: Esses olhos podem ser oferendados ao Orixá Xapanã como defesa, segurança ou trabalho para você, ou alguém que esteja necessitando algo importante e urgente, acompanhados do sacrifício de uma ave (galo, galinha, angolista, pombo etc.), na cor e tipo correspondente ao Orixá e a sua nação africana. Porém, esse ritual só pode ser feito por pessoas capacitadas e que tenham bastante conhecimento no assunto e principalmente Axé de obé (mão de faca).

Portanto esse tipo de ritual só pode ser feito por Babalorixá, Yalorixá, Pai de Santo, Mãe de Santo etc.

Não ensinarei a sacrificar a ave, nem falarei sobre o destino que se dá a ela, até mesmo porque quem usar desse preceito com certeza sabe como fazê-lo, com base na sua raiz ou fundamento da nação africana que pratica e que varia muito de uma nação para a outra. Sempre é preciso ter cuidado e ter o máximo de atenção possível para não prejudicar ou ofender a comunidade, a natureza e principalmente os Orixás deste panteão.

Esses olhos podem ser feitos sem o sacrifício de aves (corte) como oferenda, defesa ou trabalho, por qualquer pessoa, independentemente de religião, cor, raça, médiuns, leigos ou iniciante na Religião Africana, desde que tenham fé e confiança nos Orixás.

Oxum

Apetés

Os apetés da Orixá Oxum que ensinarei a seguir, você pode usar como oferenda ou para sua própria defesa ou de alguém conhecido. Eles devem ser levados direto ao ponto de força da Orixá. Além disso, é preciso levar uma vela na cor da Orixá. Se preferir, é possível arriar esses apetés no seu altar dos Orixás, trocando-os a cada 15 dias mais ou menos. Para isso, despache-os na rua ou enterre-os; eles irão atrair, concentrar e canalizar energias e correntes positivas; irão condensar, dispersar e repelir energias e correntes negativas. Por isso, aconselho que quem tiver assentamento em casa, os mantenha sempre ou seguidamente arriado no mesmo local.

Os apetés podem ser colocados em folhas de mamoneiro, bananeira ou numa bandeja de papelão forrada com essas folhas ou papel de seda da cor do Orixá. Eles podem ser passados no corpo de uma pessoa necessitada, a qualquer dia e hora no seu assentamento (altar dos Orixás). Caso os leve direto ao ponto de força do Orixá, faça-o de manhã cedinho, bem à tardinha ou à noite, se preferir. O mesmo vale para a hora da troca (despachar).

▶ Cozinhe mais ou menos 200 gramas de canjica amarela, <u>bem cozidas</u>. Escorra bem, coloque numa vasilha e amasse os grãos com uma colher formando um purê. Depois, com as mãos molde um apeté como se fosse uma bola ou um coração. Se precisar coloque pedacinhos de miolo de pão para dar liga. Não precisa ficar perfeito. Depois de pronto, pinte essa bola somente com mel usando o dedo como pincel.

► Faça uma polenta pequena e sem sal. Depois de fria e firme, recorte com o cabo da colher formando um coração. Depois de recortado, pinte esse coração somente com mel usando o dedo como pincel. Esse apeté é ótimo para o amor.

► Faça uma polenta sem sal e espalhe em cima de um papelão ou um papel qualquer grosso, redondo e maior que a sua mão aberta. Ajeite bem a polenta em cima do papelão como se fosse uma massa de pizza. Coloque a sua mão direita aberta em cima dessa polenta e risque com o cabo da colher (desenhe) a sua mão. Depois, com o cabo da colher tire os excessos da polenta que não fazem parte do risco (desenho) que forma a sua mão.

Com uma tesoura recorte bem rente aos dedos e a volta da mão os excessos do papelão e você terá a cópia da sua mão em forma de apeté. Tenha cuidado na hora de usar a tesoura, ajeite a mão. Não precisa ficar perfeita. Pinte essa mão (apeté) com mel usando o dedo como pincel. Use uma colher com cabo de metal para fazer o risco e tirar os excessos da polenta, não pode usar faca nem garfo. Crave oito moedas, uma em cada dedo e três no centro da mão. Você também pode usar canjica amarela, que é ótima para o dinheiro.

► Esses apetés também podem ser oferecidos sozinhos ou numa bandeja junto com outras oferendas pertencentes ao Orixá.

Nota importante: Todos esses apetés podem ser oferendados a Orixá Oxum como <u>defesa, segurança ou trabalho</u> para você, ou alguém que esteja necessitando algo importante e urgente, acompanhados do sacrifício de uma ave (galo, galinha, angolista, pombo etc.), na cor e tipo correspondente ao Orixá e a sua nação africana. Porém, esse ritual só pode ser feito por pessoas capacitadas e que tenham bastante conhecimento no assunto e principalmente <u>Axé de obé</u> (mão de faca).

Portanto esse tipo de ritual só pode ser feito por <u>Babalorixá, Yalorixá, Pai de Santo, Mãe de Santo</u> etc.

Não ensinarei a sacrificar a ave, nem falarei sobre o destino que se dá a ela, até mesmo porque quem usar desse preceito com certeza sabe como fazê-lo, com base na sua raiz ou fundamento da nação africana que pratica e que varia muito de uma nação para a outra. Sempre é preciso ter cuidado e ter o máximo de atenção possível para não prejudicar ou ofender a comunidade, a natureza e principalmente os Orixás deste panteão.

Esses apetés podem ser feitos sem o sacrifício de aves (corte) como oferenda, defesa ou trabalho, por qualquer pessoa, independentemente de religião, cor, raça, médiuns, leigos ou iniciante na Religião Africana, desde que tenham fé e confiança nos Orixás.

Ecós

Esses ecós da Orixá Oxum que ensinarei a seguir, você pode usar como oferenda ou para sua própria defesa ou de alguém conhecido. Eles atraem, concentram e canalizam energias e correntes positivas; condensam, dispersam e repelem energias e correntes negativas. Você pode mantê-los sempre arriados no altar dos Orixás, trocando-os a cada 15 dias mais ou menos, despachando na rua. Caso não tenha terreiro ou assentamento do Orixá em sua casa, você pode arriá-los atrás da porta ou num lugar discreto da sua casa.

Use uma vasilha de louça, vidro, alguidar ou plástica pequena, e na hora de despachar, as vasilhas retornam para ser usadas novamente. Esses ecós podem ser feitos e trocados a qualquer dia e hora, mas prefira fazê--lo pela manhã cedo, à tardinha ou à noite se preferir e não despache-os (troque) em dia de chuva.

Evandro Mendonça

Além desses ecós da Orixá Oxum que ensinarei a seguir, existem muitos outros que não há necessidade de ensinar, pelo menos nesta obra. Entre eles: o tradicional ecó de sangue (axorô, Menga), que é feito somente em dias de corte e obrigações.

- ▶ Pegue a vasilha escolhida e coloque água, duas colheres de sopa de mel e mexa bem até misturar. Acrescente algumas gotas de perfume e uma flor amarela sem o talo e espinhos, se preferir pode colocar somente as pétalas amarelas. Esse ecó é ótimo para o amor.

- ▶ Pegue a vasilha escolhida e coloque água, duas colheres de sopa de mel e mexa bem até misturar. Coloque oito moedas quaisquer dentro, com os dedos coloque oito punhadinhos de farinha de milho grossa ou média, acrescente algumas gotas de perfume. Esse ecó é ótimo para o dinheiro.

- ▶ Pegue a vasilha escolhida e coloque caldo de canjica amarela, duas colheres de sopa de mel e mexa bem até misturar. Coloque oito moedas quaisquer dentro, acrescente algumas gotas de perfume. Esse ecó também é ótimo para o dinheiro.

Observação: Se não tiver mel, pode substituí-lo por oito colherinhas de chá de açúcar. Você pode também, ao invés de uma flor, colocar quatro, assim cobrirá toda a vasilha, ou seja, o ecó. As moedas na hora da troca retornam para o próximo ecó. O resto segue igual.

Calços

Esses calços da Orixá Oxum que ensinarei a seguir, você deve usar exclusivamente como defesa sua, do seu terreiro, da casa ou de alguém conhecido. Jamais como oferenda. Eles atraem, concentram, canalizam, condensam, dispersam e repelem energias e correntes negativas. Você

ORIXÁS – *Seguranças, Defesas e Firmezas*

deve mantê-los sempre arriados no lado de fora da sua casa em um locar discreto. Não os coloque no Assentamento do Bará, nem no altar dos Orixás. Troque-os a cada 15 dias mais ou menos, despachando na rua.

Se preferir, você pode levá-los direto no ponto de força do Orixá. Eles podem ser colocados numa folha de mamoneiro, bananeira ou numa bandeja de papelão pequena forrada com as mesmas folhas ou papel de seda da cor do Orixá. Em hipótese alguma esses calços devem ser passados no corpo. Eles podem ser feitos, arriados e despachados a qualquer dia e hora.

▶ Cozinhe mais ou menos 200 gramas de canjica amarela, <u>bem cozidas</u>. Escorra bem, coloque numa vasilha e amasse os grãos com uma colher formando um purê. Depois, com as mãos molde um apeté como se fosse uma bola ou um coração. Se precisar coloque pedacinhos de miolo de pão para dar liga. Não precisa ficar perfeito. Depois de pronto, pinte essa bola pulverizando colorau (araticum, vermelhão) ou pó de tijolo dos avermelhados (para isso, rale um pedaço de tijolo se for o caso).

▶ Cozinhe mais ou menos 200 gramas de canjica amarela, <u>bem cozidas</u>. Escorra bem, coloque numa vasilha e amasse os grãos com uma colher formando um purê. Depois, com as mãos molde um apeté como se fosse uma bola ou um coração. Se precisar coloque pedacinhos de miolo de pão para dar liga. Não precisa ficar perfeito. Depois de pronto, pinte essa bola, pulverizando pó de carvão (para isso, rale um pedaço de carvão).

▶ Cozinhe mais ou menos 200 gramas de canjica amarela, <u>bem cozidas</u>. Escorra bem, coloque numa vasilha e amasse os grãos com uma colher formando um purê. Depois, com as mãos molde um apeté como se fosse uma bola ou um coração. Se precisar coloque pedacinhos de miolo de pão para dar liga. Não precisa ficar perfeito. Depois de pronto, pinte essa bola pulverizando farinha de trigo.

- ▶ Cozinhe mais ou menos 200 gramas de canjica amarela, <u>bem cozidas</u>. Escorra bem, coloque numa vasilha e amasse os grãos com uma colher formando um purê. Depois, com as mãos molde um apeté como se fosse uma bola ou um coração. Se precisar coloque pedacinhos de miolo de pão para dar liga. Não precisa ficar perfeito. Depois de pronto, pinte essa bola pulverizando cinza de fogão a lenha.

- ▶ Faça uma polenta pequena e sem sal. Depois de fria e firme, recorte com o cabo da colher formando um coração. Depois de recortado, pinte esse coração pulverizando colorau (araticum, vermelhão) ou pó de tijolo dos avermelhados (para isso, rale um pedaço de tijolo se for o caso).

- ▶ Faça uma polenta pequena e sem sal. Depois de fria e firme, recorte com o cabo da colher formando um coração. Depois de recortado, pinte esse coração pulverizando pó de carvão (para isso, rale um pedaço de carvão).

- ▶ Faça uma polenta pequena e sem sal. Depois de fria e firme, recorte com o cabo da colher formando um coração. Depois de recortado, pinte esse coração pulverizando farinha de trigo.

- ▶ Faça uma polenta pequena e sem sal. Depois de fria e firme, recorte com o cabo da colher formando um coração. Depois de recortado, pinte esse coração pulverizando cinza de fogão a lenha.

- ▶ Cozinhe mais ou menos 200 gramas de canjica amarela, <u>bem cozidas</u>. Escorra bem, coloque numa vasilha e amasse os grãos com uma colher formando um purê. Depois, com as mãos forme (molde) um apeté em forma de uma bola como se fosse uma cabeça. Essa mesma bola pode ser feita de polenta sem sal.

Depois de pronto, com o dedo minguinho faça um furo de cada lado da bola como se fossem as orelhas, faça mais dois furos um pouco separados um do outro na frente como se fossem os olhos, abaixo dos olhos faça mais dois furos juntos como se fossem o nariz e abaixo do nariz um furo como se fosse a boca. Pinte essa cabeça somente com mel usando o dedo como pincel. Forre a parte de trás, os lados e a parte de cima da cabeça com algodão como se fossem os cabelos da cabeça, livrando a frente dela, ou seja, o rosto.

Coloque numa bandeja média de papelão forrada com papel de seda na cor da Orixá ou com folha de mamoneiro ou bananeira. Esse calço é muito bom para quando o terreiro ou a casa for fazer uma festa ou homenagem aos Orixás e, para este, você pode acender uma vela na cor do Orixá ao lado da cabeça um pouquinho antes de começar a festa ou homenagem, não obrigatoriamente.

Observação: Você pode usar todos esses calços para plantar, calçar, comprar e segurar a sua casa, terreiro ou até mesmo o ponto de força do seu Orixá. Pode arriá-los no chão ou enterrar nesses locais. Coloque numa folha de mamoneiro, bananeira ou numa bandeja pequena forrada com as mesmas folhas ou papel de seda na cor do Orixá.

Você também pode escrever os nomes dos seus inimigos em um papel pequeno, dobrá-lo e colocá-lo dentro dos calços. Não acenda velas em hipótese alguma, apenas entregue para o Orixá, pedindo tudo de bom em relação a segurança, paz, tranquilidade e qualquer tipo de feitiçaria que possa ser enviado a você ou para sua casa.

Nota importante: Há uma exceção somente para as cabeças ensinadas aqui como calços. Elas também podem ser feitas, arriadas e veladas no altar dos Orixás em forma de trabalho para uma pessoa, podendo até mesmo passar essa cabeça na pessoa. Exemplo: Para dar força espiritual, saúde, para acalmar, abafar, tranquilizar, para vencer algo, trazer paz, para harmonia, para fazer um pedido etc. Ela serve tanto para um adulto como para uma criança, e também pode ser arriada sozinha ou junto com outras oferendas pertencentes ao mesmo Orixá, a que for destinada a cabeça.

Assim como os apetés e olhos pertencentes aos Orixás, essas cabeças quando arriadas no altar dos Orixás podem ser acompanhadas do sacrifício de uma ave (galo, galinha, angolista, pombo etc.), na cor e tipo correspondente ao Orixá e a sua nação africana. Porém, esse ritual só pode ser feito por pessoas capacitadas e que tenham conhecimento no assunto e principalmente <u>Axé de obé</u> (mão de faca).

Portanto esse tipo de ritual só pode ser feito por <u>Babalorixá, Yalorixá, Pai de Santo, Mãe de Santo</u> etc.

Não ensinarei a sacrificar a ave, nem falarei sobre o destino que se dá a ela, até mesmo porque quem usar desse preceito com certeza sabe como fazê-lo, com base na sua raiz ou fundamento da nação africana que pratica e que varia muito de uma nação para a outra. Sempre é preciso ter cuidado e ter o máximo de atenção possível para não prejudicar ou ofender a comunidade, a natureza e principalmente os Orixás deste panteão.

Essas cabeças podem ser feitas sem o sacrifício de aves (corte) como oferenda, defesa ou trabalho, por qualquer pessoa, independentemente de religião, cor, raça, médiuns, leigos ou iniciante na Religião Africana, desde que tenham fé e confiança nos Orixás.

Olhos

Esses olhos da Orixá Oxum que ensinarei a seguir, você pode usar como oferenda ou para sua própria defesa ou de alguém conhecido. Eles devem ser levados direto ao ponto de força da Orixá. Além disso, é preciso levar uma vela na cor da Orixá. Se preferir, é possível arriar esses olhos no altar dos Orixás, trocando-os a cada 15 dias mais ou menos. Para isso, despache-os na rua ou enterre-os; eles irão atrair, concentrar e canalizar energias e correntes positivas; irão condensar, dispersar e repelir energias e correntes negativas. Por isso, aconselho que quem tiver assentamento em casa, os mantenha sempre ou seguidamente arriado no mesmo local.

Os olhos podem ser colocados em folhas de mamoneiro, bananeira ou numa bandeja de papelão forrada com essas folhas ou papel de seda da cor do Orixá, ou forrada com algodão. Eles podem ser passados no corpo de uma pessoa necessitada, a qualquer dia e hora no seu assentamento. Caso os leve direto ao ponto de força do Orixá, faça-o de manhã cedinho, bem à tardinha ou à noite, se preferir. O mesmo vale para a hora da troca (despachar).

► Cozinhe mais ou menos 250 gramas de canjica amarela, <u>bem cozidas</u>. Escorra bem, coloque a metade numa vasilha e amasse os grãos com uma colher formando um purê. Depois, com as mãos molde dois apetés como se fossem dois olhos um pouco maiores que um ovo. Depois de prontos, crave bem no meio de cada uma ameixa-preta seca e torne a moldá-los novamente formando os olhos. Pinte esses olhos (apeté) somente com mel, usando o dedo como pincel.

► Faça uma polenta sem sal. Depois de fria e firme, recorte com o cabo da colher dois pedaços em formatos de dois olhos um pouco maiores que um ovo. Façam um furo pequeno no meio de cada um e introduza a ameixa seca. Pinte esses olhos somente com mel usando o dedo como pincel.

Observação: Você pode colocar a sobra da canjica e da polenta numa bandeja com um pouquinho de mel por cima como oferenda também. E podem ser oferecidos sozinhos ou numa bandeja junto com outras oferendas pertencentes ao Orixá, colocados bem no meio da bandeja, um do lado do outro.

Nota importante: todos esses olhos podem ser oferendados a Orixá Oxum como <u>defesa, segurança ou trabalho</u> para você, ou alguém que esteja necessitando algo importante e urgente, acompanhados do sacrifício de uma ave (galo, galinha, angolista, pombo etc.), na cor e tipo correspondente ao Orixá e a sua nação africana. Porém, esse ritual só pode ser feito por pessoas capacitadas e que tenham bastante conhecimento no assunto e principalmente <u>Axé de obé</u> (mão de faca).

Portanto esse tipo de ritual só pode ser feito por <u>Babalorixá, Yalorixá, Pai de Santo, Mãe de Santo</u> etc.

Não ensinarei a sacrificar a ave, nem falarei sobre o destino que se dá a ela, até mesmo porque quem usar desse preceito com certeza sabe como fazê-lo, com base na sua raiz ou fundamento da nação africana que pratica e que varia muito de uma nação para a outra. Sempre é preciso ter cuidado e ter o máximo de atenção possível para não prejudicar ou ofender a comunidade, a natureza e principalmente os Orixás deste panteão.

Esses olhos podem ser feitos sem o sacrifício de aves (corte) como oferenda, defesa ou trabalho, por qualquer pessoa, independentemente de religião, cor, raça, médiuns, leigos ou iniciante na Religião Africana, desde que tenham fé e confiança nos Orixás.

Iemanjá

Apetés

Os apetés da Orixá Iemanjá que ensinarei a seguir, você pode usar como oferenda ou para sua própria defesa ou de alguém conhecido. Eles devem ser levados direto ao ponto de força da Orixá. Além disso, é preciso levar uma vela na cor da Orixá. Se preferir, é possível arriar esses apetés no seu altar dos Orixás, trocando-os a cada 15 dias mais ou menos. Para isso, despache-os na rua ou enterre-os; eles irão atrair, concentrar e canalizar energias e correntes positivas; irão condensar, dispersar e repelir energias e correntes negativas. Por isso, aconselho que quem tiver assentamento em casa, os mantenha sempre ou seguidamente arriado no mesmo local.

Os apetés podem ser colocados em folhas de mamoneiro, bananeira ou numa bandeja de papelão forrada com essas folhas ou papel de seda da cor do Orixá. Eles podem ser passados no corpo de uma pessoa necessitada, a qualquer dia e hora no seu assentamento (altar dos Orixás). Caso os leve direto ao ponto de força da Orixá, faça-o de manhã cedinho, bem à tardinha ou à noite, se preferir. O mesmo vale para a hora da troca (despachar).

► Cozinhe mais ou menos 200 gramas de canjica branca, <u>bem cozidas</u>. Escorra bem, coloque numa vasilha e amasse os grãos com uma colher formando um purê. Depois, com as mãos molde um apeté como se fosse uma bola. Se precisar coloque pedacinhos de miolo de pão para dar liga. Não precisa ficar perfeito. Depois de pronto, pinte essa bola somente com mel usando o dedo como pincel.

Observação: Esse mesmo apeté pode ser feito da seguinte forma: na hora de amassar a canjica misture queijo ralado (mais ou menos um pacote pequeno), o resto segue igual. Cravando oito moedas nesse apeté, é ótimo para adquirir fortuna.

E pode também ser oferecido sozinho ou numa bandeja junto com outras oferendas pertencentes ao Orixá.

Nota importante: Esse apeté pode ser oferendado a Orixá Iemanjá como defesa, segurança ou trabalho para você, ou alguém que esteja necessitando algo importante e urgente, acompanhados do sacrifício de uma ave (galo, galinha, angolista, pombo etc.), na cor e tipo correspondente ao Orixá e a sua nação africana. Porém, esse ritual só pode ser feito por pessoas capacitadas e que tenham bastante conhecimento no assunto e principalmente Axé de obé (mão de faca).

Portanto esse tipo de ritual só pode ser feito por Babalorixá, Yalorixá, Pai de Santo, Mãe de Santo etc.

Não ensinarei a sacrificar a ave, nem falarei sobre o destino que se dá a ela, até mesmo porque quem usar desse preceito com certeza sabe como fazê-lo, com base na sua raiz ou fundamento da nação africana que pratica e que varia muito de uma nação para a outra. Sempre é preciso ter cuidado e ter o máximo de atenção possível para não prejudicar ou ofender a comunidade, a natureza e principalmente os Orixás deste panteão.

Esses apetés podem ser feitos sem o sacrifício de aves (corte) como oferenda, defesa ou trabalho, por qualquer pessoa, independentemente de religião, cor, raça, médiuns, leigos ou iniciante na Religião Africana, desde que tenham fé e confiança nos Orixás.

Ecós

Esses ecós da Orixá Iemanjá que ensinarei a seguir, você pode usar como oferenda ou para sua própria defesa ou de alguém conhecido. Eles atraem, concentram e canalizam energias e correntes positivas; condensam, dispersam e repelem energias e correntes negativas. Você pode mantê-los sempre arriados no altar dos Orixás, trocando-os a cada 15 dias mais ou menos, despachando na rua. Caso não tenha terreiro ou assentamento do Orixá em sua casa, você pode arriá-los atrás da porta ou num local discreto da sua casa.

Use uma vasilha de louça, vidro, alguidar ou plástica pequena, e na hora de despachar, as vasilhas retornam para ser usadas novamente. Esses ecós podem ser feitos e trocados a qualquer dia e hora, mas prefira fazê--lo pela manhã cedo, à tardinha ou à noite se preferir e não despache-os (troque) em dia de chuva.

Além desses ecós da Orixá Iemanjá que ensinarei a seguir, existem muitos outros que não há necessidade de ensinar, pelo menos nesta obra. Entre eles: o tradicional ecó de sangue (axorô, Menga), que é feito somente em dias de corte e obrigações.

- ▶ Pegue a vasilha escolhida e coloque água, duas colheres de sopa de mel e mexa bem até misturar. Acrescente algumas gotas de perfume e uma flor azul sem o talo e espinho. Se preferir pode colocar somente as pétalas azuis. Esse ecó é ótimo para clarear qualquer coisa do dia a dia.

- ▶ Pegue a vasilha escolhida e coloque água, duas colheres de sopa de mel e mexa bem até misturar. Coloque oito moedas quaisquer dentro, com os dedos coloque oito punhadinhos pequenos de queijo ralado e acrescente algumas gotas de perfume. Esse ecó é ótimo para o dinheiro.

► Pegue a vasilha escolhida e coloque caldo de canjica branca, duas colheres de sopa de mel e mexa bem. Coloque oito moedas quaisquer dentro e acrescente algumas gotas de perfume. Esse ecó é ótimo para o dinheiro.

Observação: Se não tiver mel pode substituí-lo por oito colherinhas de chá de açúcar. Pode também, ao invés de uma flor, colocar quatro, assim cobrirá toda a vasilha, ou seja, o ecó. As moedas na hora da troca retornam para o próximo ecó. O resto segue igual.

Calços

Esses calços da Orixá Iemanjá que ensinarei a seguir, você deve usar exclusivamente como defesa sua, do seu terreiro, da casa ou de alguém conhecido. Jamais como oferenda. Eles atraem, concentram, canalizam, condensam, dispersam e repelem energias e correntes negativas. Você deve mantê-los sempre arriados no lado de fora da sua casa em um locar discreto. Não os coloque no Assentamento do Bará, nem no altar dos Orixás. Troque-os a cada 15 dias mais ou menos, despachando na rua.

Se preferir, você pode levá-los direto no ponto de força da Orixá. Eles podem ser colocados numa folha de mamoneiro, bananeira ou numa bandeja de papelão pequena forrada com as mesmas folhas ou papel de seda da cor da Orixá. Em hipótese alguma esses calços devem ser passados no corpo. Eles podem ser feitos, arriados e despachados a qualquer dia e hora.

► Cozinhe mais ou menos 200 gramas de canjica branca, <u>bem cozidas</u>. Escorra bem, coloque numa vasilha e amasse os grãos com uma colher formando purê. Depois, com as mãos molde um apeté como se fosse uma bola. Se precisar coloque pedacinhos de miolo de pão para dar liga. Não precisa ficar perfeito. Depois de pronto, pinte essa bola pulverizando colorau (araticum, vermelhão) ou pó de tijolo dos avermelhados (para isso rale um pedaço de tijolo se for o caso).

▶ Cozinhe mais ou menos 200 gramas de canjica branca, <u>bem co-zidas</u>. Escorra bem, coloque numa vasilha e amasse os grãos com uma colher formando purê. Depois, com as mãos molde molde um apeté como se fosse uma bola. Se precisar coloque pedacinhos de miolo de pão para dar liga. Não precisa ficar perfeito. Depois de pronto, pinte essa bola, pulverizando pó de carvão (para isso, rale um pedaço de carvão).

▶ Cozinhe mais ou menos 200 gramas de canjica branca, <u>bem co-zidas</u>. Escorra bem, coloque numa vasilha e amasse os grãos com uma colher formando purê. Depois, com as mãos molde um apeté como se fosse uma bola. Se precisar coloque pedacinhos de miolo de pão para dar liga. Não precisa ficar perfeito. Depois de pronto, pinte essa bola, pulverizando farinha de trigo.

▶ Cozinhe mais ou menos 200 gramas de canjica branca, <u>bem co-zidas</u>. Escorra bem, coloque numa vasilha e amasse os grãos com uma colher formando purê. Depois, com as mãos molde um apeté como se fosse uma bola. Se precisar coloque pedacinhos de miolo de pão para dar liga. Não precisa ficar perfeito. Depois de pronto, pinte essa bola, pulverizando cinza de fogão a lenha.

▶ Cozinhe mais ou menos 200 gramas de canjica branca, <u>bem cozidas</u>. Escorra bem, coloque numa vasilha e amasse os grãos com uma co-lher formando purê. Depois, com as mãos forme (molde) um apeté em forma de uma bola como se fosse uma cabeça.

Depois de pronto, com o dedo mindinho faça um furo de cada lado da bola como se fossem as orelhas, faça mais dois furos um pouco sepa-rados um do outro na frente como se fossem os olhos, abaixo dos olhos faça mais dois furos juntos como se fossem o nariz e abaixo do nariz um furo como se fosse a boca. Pinte essa cabeça somente com mel, usando o dedo como pincel. Forre a parte de trás, os lados e a parte de cima da cabeça com algodão como se fossem os cabelos da cabeça, livrando a frente dela, ou seja, o rosto.

Coloque numa bandeja média de papelão forrada com papel de seda na cor da Orixá ou com folha de mamoneiro ou bananeira. Esse calço é muito bom para quando o terreiro ou a casa for fazer uma festa ou homenagem aos Orixás e, para este, você pode acender uma vela na cor do Orixá ao lado da cabeça um pouquinho antes de começar a festa ou homenagem), não obrigatoriamente.

Observação: Você pode usar todos esses calços para plantar, calçar, comprar e segurar a sua casa, terreiro ou até mesmo o ponto de força do seu Orixá. Pode arriá-los no chão ou enterrar nesses locais. Coloque numa folha de mamoneiro, bananeira ou numa bandeja pequena forrada com as mesmas folhas ou papel de seda na cor do Orixá.

Você também pode escrever os nomes dos seus inimigos em um papel pequeno, dobrá-lo e colocá-lo dentro dos calços. Não acenda velas em hipótese alguma, apenas entregue para o Orixá, pedindo tudo de bom em relação a segurança, paz, tranquilidade e qualquer tipo de feitiçaria que possa ser enviado a você ou para sua casa.

Nota importante: Há uma exceção somente para as cabeças ensinadas aqui como calços. Elas também podem ser feitas, arriadas e veladas no altar dos Orixás em forma de trabalho para uma pessoa, podendo até mesmo passar essa cabeça na pessoa. Exemplo: Para dar força espiritual, saúde, para acalmar, abafar, tranquilizar, para vencer algo, trazer paz, para harmonia, para fazer um pedido etc. Ela serve tanto para um adulto como para uma criança, e também pode ser arriada sozinha ou junto com outras oferendas pertencentes ao mesmo Orixá, a que for destinada a cabeça.

Assim como os apetés e olhos pertencentes aos Orixás, essas cabeças quando arriadas no altar dos Orixás podem ser acompanhadas do sacrifício de uma ave (galo, galinha, angolista, pombo etc.), na cor e tipo correspondente ao Orixá e a sua nação africana. Porém, esse ritual só pode ser feito por pessoas capacitadas e que tenham conhecimento no assunto e principalmente <u>Axé de obé</u> (mão de faca).

Portanto esse tipo de ritual só pode ser feito por <u>Babalorixá, Yalorixá, Pai de Santo, Mãe de Santo</u> etc.

Não ensinarei a sacrificar a ave, nem falarei sobre o destino que se dá a ela, até mesmo porque quem usar desse preceito com certeza sabe como fazê-lo, com base na sua raiz ou fundamento da nação africana que pratica e que varia muito de uma nação para a outra. Sempre é preciso ter cuidado e ter o máximo de atenção possível para não prejudicar ou ofender a comunidade, a natureza e principalmente os Orixás deste panteão.

Essas cabeças podem ser feitas sem o sacrifício de aves (corte) como oferenda, defesa ou trabalho, por qualquer pessoa, independentemente de religião, cor, raça, médiuns, leigos ou iniciante na Religião Africana, desde que tenham fé e confiança nos Orixás.

Olhos

Esses olhos da Orixá Iemanjá que ensinarei a seguir, você pode usar como oferenda ou para sua própria defesa ou de alguém conhecido. Eles devem ser levados direto ao ponto de força da Orixá. Além disso, é preciso levar uma vela na cor da Orixá. Se preferir, é possível arriar esses olhos no altar dos Orixás, trocando-os a cada 15 dias mais ou menos. Para isso, despache-os na rua ou enterre-os; eles irão atrair, concentrar e canalizar energias e correntes positivas; irão condensar, dispersar e repelir energias e correntes negativas. Por isso, aconselho que quem tiver assentamento em casa, os mantenha sempre ou seguidamente arriado no mesmo local.

Os olhos podem ser colocados em folhas de mamoneiro, bananeira ou numa bandeja de papelão forrada com essas folhas ou papel de seda da cor do Orixá, ou forrada com algodão. Eles podem ser passados no corpo de uma pessoa necessitada, a qualquer dia e hora no seu assentamento. Caso os leve direto ao ponto de força da Orixá, faça-o de manhã cedinho, bem à tardinha ou à noite, se preferir. O mesmo vale para a hora da troca (despachar).

- ► Cozinhe mais ou menos 250 gramas de canjica branca, <u>bem cozidas</u>. Escorra bem, coloque a metade numa vasilha e amasse os grãos com uma colher formando um purê. Depois, com as mãos molde dois apetés como se fosse, dois olhos um pouco maiores que um ovo. Se precisar coloque pedacinhos de miolo de pão para dar liga. Depois de prontos, crave bem no meio de cada um uma ameixa-preta seca e torne a moldá-los novamente formando os olhos. Pinte esses olhos somente com mel, usando o dedo como pincel

- ► Podem também ser oferecidos sozinhos ou numa bandeja junto com outras oferendas pertencente a Orixá, colocados bem no meio da bandeja, um do lado do outro.

Observação: Você pode colocar a sobra da canjica numa bandeja com um pouquinho de mel por cima como oferenda também.

Nota importante: esses olhos podem ser oferendados a Orixá Iemanjá como <u>defesa, segurança ou trabalho</u> para você, ou alguém que esteja necessitando algo importante e urgente, acompanhados do sacrifício de uma ave (galo, galinha, angolista, pombo etc.), na cor e tipo correspondente ao Orixá e a sua nação africana. Porém, esse ritual só pode ser feito por pessoas capacitadas e que tenham bastante conhecimento no assunto e principalmente <u>Axé de obé</u> (mão de faca).

Portanto esse tipo de ritual só pode ser feito por <u>Babalorixá, Yalorixá, Pai de Santo, Mãe de Santo</u> etc.

Não ensinarei a sacrificar a ave, nem falarei sobre o destino que se dá a ela, até mesmo porque quem usar desse preceito com certeza sabe como fazê-lo, com base na sua raiz ou fundamento da nação africana que pratica e que varia muito de uma nação para a outra. Sempre é preciso ter cuidado e ter o máximo de atenção possível para não prejudicar ou ofender a comunidade, a natureza e principalmente os Orixás deste panteão.

Esses olhos podem ser feitos sem o sacrifício de aves (corte) como oferenda, defesa ou trabalho, por qualquer pessoa, independentemente de religião, cor, raça, médiuns, leigos ou iniciante na Religião Africana, desde que tenham fé e confiança nos Orixás.

Oxalá

Apetés

Esses apetés do Orixá Oxalá que ensinarei a seguir, você pode usar como oferenda ou para sua própria defesa ou de alguém conhecido. Eles devem ser levados direto ao ponto de força do Orixá. Além disso, é preciso levar uma vela na cor do Orixá. Se preferir, é possível arriar esses apetés no seu altar dos Orixás, trocando-os a cada 15 dias mais ou menos. Para isso, despache-os na rua ou enterre-os; eles irão atrair, concentrar e canalizar energias e correntes positivas; irão condensar, dispersar e repelir energias e correntes negativas. Por isso, aconselho que quem tiver assentamento em casa, os mantenha sempre ou seguidamente arriado no mesmo local.

Os apetés podem ser colocados em folhas de mamoneiro, bananeira ou numa bandeja de papelão forrada com essas folhas ou papel de seda da cor do Orixá. Eles podem ser passados no corpo de uma pessoa necessitada, a qualquer dia e hora no seu assentamento (altar dos Orixás). Caso os leve direto ao ponto de força do Orixá, faça-o de manhã cedinho, bem à tardinha ou à noite, se preferir. O mesmo vale para a hora da troca (despachar).

▶ Cozinhe mais ou menos 200 gramas de canjica branca, <u>bem cozidas</u>. Escorra bem, coloque numa vasilha e amasse os grãos com uma colher formando um purê. Depois, com as mãos molde um apeté como se fosse uma bola. Se precisar coloque pedacinhos de miolo de pão para dar liga. Não precisa ficar perfeito. Depois de pronto, pinte essa bola, somente com mel usando o dedo como pincel.

▶ Esse apeté pode também ser oferecido sozinho ou numa bandeja junto com outras oferendas pertencentes ao Orixá.

Observação: Esse mesmo apeté pode ser feito da seguinte forma: Na hora de amassar a canjica misture coco ralado (mais ou menos um pacote pequeno), o resto segue igual. Esse apeté é ótimo para a saúde.

Nota importante: Esse apetć pode ser oferendado ao Orixá Oxalá como defesa, segurança ou trabalho para você, ou alguém que esteja necessitando algo importante e urgente, acompanhados do sacrifício de uma ave (galo, galinha, angolista, pombo etc.), na cor e tipo correspondente ao Orixá e a sua nação africana. Porém, esse ritual só pode ser feito por pessoas capacitadas e que tenham bastante conhecimento no assunto e principalmente Axé de obé (mão de faca).

Portanto esse tipo de ritual só pode ser feito por Babalorixá, Yalorixá, Pai de Santo, Mãe de Santo etc.

Não ensinarei a sacrificar a ave, nem falarei sobre o destino que se dá a ela, até mesmo porque quem usar desse preceito com certeza sabe como fazê-lo, com base na sua raiz ou fundamento da nação africana que pratica e que varia muito de uma nação para a outra. Sempre é preciso ter cuidado e ter o máximo de atenção possível para não prejudicar ou ofender a comunidade, a natureza e principalmente os Orixás deste panteão.

Esses apetés podem ser feitos sem o sacrifício de aves (corte) como oferenda, defesa ou trabalho, por qualquer pessoa, independentemente de religião, cor, raça, médiuns, leigos ou iniciante na Religião Africana, desde que tenham fé e confiança nos Orixás.

Ecós

Esses ecós do Orixá Oxalá que ensinarei a seguir, você pode usar como oferenda ou para sua própria defesa ou de alguém conhecido. Eles atraem, concentram e canalizam energias e correntes positivas; condensam, dispersam e repelem energias e correntes negativas. Você pode mantê-los sempre arriados no altar dos Orixás, trocando-os a cada 15 dias mais ou menos, despachando na rua. Caso não tenha terreiro ou assentamento do Orixá em sua casa, você pode arriá-los atrás da porta ou num lugar discreto da sua casa.

Use uma vasilha de louça, vidro, alguidar ou plástica pequena e na hora de despachar, as vasilhas retornam para ser usadas novamente. Esses ecós podem ser feitos e trocados a qualquer dia e hora, mas prefira fazê--lo pela manhã cedo, à tardinha ou à noite se preferir e não despache-os (troque) em dia de chuva.

Além desses ecós do Orixá Oxalá que ensinarei a seguir, existem muitos outros que não há necessidade de ensinar, pelo menos nesta obra. Entre eles: o tradicional ecó de sangue (axorô, Menga), que é feito somente em dias de corte e obrigações.

▶ Pegue a vasilha escolhida e coloque água, duas colheres de sopa de mel e mexa bem até misturar. Acrescente algumas gotas de perfume e uma flor branca sem o talo e espinhos. Se preferir pode colocar somente as pétalas brancas. Esse ecó é ótimo para atrair paz e tranquilidade dentro de casa.

▶ Pegue a vasilha escolhida e coloque água, duas colheres de sopa de mel e mexa bem até misturar. Coloque oito moedas quaisquer dentro. Com os dedos coloque oito punhadinhos pequenos de coco ralado e acrescente algumas gotas de perfume. Esse ecó é ótimo para o dinheiro.

- Pegue a vasilha escolhida e coloque caldo de canjica branca, duas colheres de sopa de mel e mexa bem até misturar. Coloque oito moedas quaisquer dentro e acrescente algumas gotas de perfume. Esse ecó também é ótimo para o dinheiro.

- Pegue a vasilha escolhida e coloque a água de um coco, se precisar complete com água comum. Coloque duas colheres de sopa de mel e mexa bem até misturar, e algumas gotas de perfume.

Observação: Se não tiver mel pode substituí-lo por oito colherinhas de chá de açúcar. Pode também, ao invés de uma flor, colocar quatro, assim cobrirá toda a vasilha, ou seja, o ecó. As moedas na hora da troca retornam para o próximo ecó. O resto segue igual.

Calços

Esses calços do Orixá Oxalá que ensinarei a seguir, você deve usar exclusivamente como defesa sua, do seu terreiro, da casa ou de alguém conhecido. Jamais os use como oferenda. Eles atraem, concentram, canalizam, condensam, dispersam e repelem energias e correntes negativas. Você deve mantê-los sempre arriados no lado de fora da sua casa em um locar discreto. Não os coloque no Assentamento do Bará, nem no altar dos Orixás. Troque-os a cada 15 dias mais ou menos, despachando na rua.

Se preferir, você pode levá-los direto no ponto de força do Orixá. Eles podem ser colocados numa folha de mamoneiro, bananeira ou numa bandeja de papelão pequena forrada com as mesmas folhas ou papel de seda da cor do Orixá. Em hipótese alguma esses calços devem ser passados no corpo. Eles podem ser feitos, arriados e despachados a qualquer dia e hora.

- Cozinhe mais ou menos 200 gramas de canjica branca, <u>bem cozidas</u>. Escorra bem, coloque numa vasilha e amasse os grãos com uma colher formando um purê. Depois, com as mãos molde um apeté como se fosse uma bola. Se precisar coloque pedacinhos de miolo de pão para dar liga. Não precisa ficar perfeito. Depois de pronto, pinte essa bola, pulverizando colorau (araticum, vermelhão) ou pó de tijolo dos avermelhados (para isso, rale um pedaço de tijolo se for o caso).

▶ Cozinhe mais ou menos 200 gramas de canjica branca, <u>bem cozida</u>. Escorra bem, coloque numa vasilha e amasse os grãos com uma colher formando um purê. Depois, com as mãos molde um apeté como se fosse uma bola. Se precisar coloque pedacinhos de miolo de pão para dar liga. Não precisa ficar perfeito. Depois de pronto, pinte essa bola, pulverizando pó de carvão (para isso, rale um pedaço de carvão).

▶ Cozinhe mais ou menos menos 200 gramas de canjica branca, <u>bem cozidas</u>. Escorra bem, coloque numa vasilha e amasse os grãos com uma colher formando um purê. Depois, com as mãos molde um apeté como se fosse uma bola. Se precisar coloque pedacinhos de miolo de pão para dar liga. Não precisa ficar perfeito. Depois de pronto, pinte essa bola, pulverizando farinha de trigo.

▶ Cozinhe mais ou menos menos 200 gramas de canjica branca, <u>bem cozidas</u>. Escorra bem, coloque numa vasilha e amasse os grãos com uma colher formando um purê. Depois, com as mãos molde um apeté como se fosse uma bola. Se precisar coloque pedacinhos de miolo de pão para dar liga. Não precisa ficar perfeito. Depois de pronto, pinte essa bola, pulverizando cinza de fogão a lenha.

▶ Cozinhe mais ou menos menos 200 gramas de canjica branca, <u>bem cozidas</u>. Escorra bem, coloque numa vasilha e amasse os grãos com uma colher formando um purê. Depois, com as mãos forme (molde) um apeté em forma de uma bola como se fosse uma cabeça.

Depois de pronto, com o dedo minguinho faça um furo de cada lado da bola como se fossem as orelhas, faça mais dois furos um pouco separados um do outro na frente como se fossem os olhos, abaixo dos olhos faça mais dois furos juntos como se fossem o nariz e abaixo do nariz um furo como se fosse a boca. Pinte essa cabeça somente com mel, usando o dedo como pincel. Forre a parte de trás, os lados e a parte de cima da cabeça com algodão como se fossem os cabelos da cabeça, livrando a frente dela, ou seja, o rosto.

▶ Coloque numa bandeja média de papelão forrada com papel de seda na cor do Orixá ou com folha de mamoneiro ou bananeira. Esse calço é muito bom para quando o terreiro ou a casa for fazer uma festa ou homenagem aos Orixás e, para este, você pode acender uma vela na cor do Orixá ao lado da cabeça um pouquinho antes de começar a festa ou homenagem), não obrigatoriamente.

Observação: Você pode usar todos esses calços para plantar, calçar, comprar e segurar a sua casa, terreiro ou até mesmo o ponto de força do seu Orixá. Pode arriá-los no chão ou enterrar nesses locais. Coloque numa folha de mamoneiro, bananeira ou numa bandeja pequena forrada com as mesmas folhas ou papel de seda na cor do Orixá.

Você também pode escrever os nomes dos seus inimigos em um papel pequeno, dobrá-lo e colocá-lo dentro dos calços. Não acenda velas em hipótese alguma, apenas entregue para o Orixá, pedindo tudo de bom em relação a segurança, paz, tranquilidade e qualquer tipo de feitiçaria que possa ser enviado a você ou para sua casa.

Nota importante: Há uma exceção somente para as cabeças ensinadas aqui como calços. Elas também podem ser feitas, arriadas e veladas no altar dos Orixás em forma de trabalho para uma pessoa, podendo até mesmo passar essa cabeça na pessoa. Exemplo: Para dar força espiritual, saúde, para acalmar, abafar, tranquilizar, para vencer algo, trazer paz, para harmonia, para fazer um pedido etc. Ela serve tanto para um adulto como para uma criança, e também pode ser arriada sozinha ou junto com outras oferendas pertencentes ao mesmo Orixá, a que for destinada a cabeça.

Assim como os apetés e olhos pertencentes aos Orixás, essas cabeças quando arriadas no altar dos Orixás podem ser acompanhadas do sacrifício de uma ave (galo, galinha, angolista, pombo etc.), na cor e tipo correspondente ao Orixá e a sua nação africana. Porém, esse ritual só pode ser feito por pessoas capacitadas e que tenham conhecimento no assunto e principalmente <u>Axé de obé</u> (mão de faca).

Portanto esse tipo de ritual só pode ser feito por <u>Babalorixá, Yalorixá, Pai de Santo, Mãe de Santo</u> etc.

Não ensinarei a sacrificar a ave, nem falarei sobre o destino que se dá a ela, até mesmo porque quem usar desse preceito com certeza sabe como fazê-lo, com base na sua raiz ou fundamento da nação africana que pratica e que varia muito de uma nação para a outra. Sempre é preciso ter cuidado e ter o máximo de atenção possível para não prejudicar ou ofender a comunidade, a natureza e principalmente os Orixás deste panteão.

Essas cabeças podem ser feitas sem o sacrifício de aves (corte) como oferenda, defesa ou trabalho, por qualquer pessoa, independentemente de religião, cor, raça, médiuns, leigos ou iniciante na Religião Africana, desde que tenham fé e confiança nos Orixás.

Olhos

Esses olhos do Orixá Oxalá que ensinarei a seguir, você pode usar como oferenda ou para sua própria defesa ou de alguém conhecido. Eles devem ser levados direto ao ponto de força do Orixá. Além disso, é preciso levar uma vela na cor do Orixá. Se preferir, é possível arriar esses olhos no altar dos Orixás, trocando-os a cada 15 dias mais ou menos. Para isso, despache-os na rua ou enterre-os; eles irão atrair, concentrar e canalizar energias e correntes positivas; irão condensar, dispersar e repelir energias e correntes negativas. Por isso, aconselho que quem tiver assentamento em casa, os mantenha sempre ou seguidamente arriado no mesmo local.

ORIXÁS – *Seguranças, Defesas e Firmezas*

Os olhos podem ser colocados em folhas de mamoneiro, bananeira ou numa bandeja de papelão forrada com essas folhas ou papel de seda da cor do Orixá, ou forrada com algodão. Eles podem ser passados no corpo de uma pessoa necessitada, a qualquer dia e hora no seu assentamento. Caso os leve direto ao ponto de força do Orixá, faça-o de manhã cedinho, bem à tardinha ou à noite, se preferir. O mesmo vale para a hora da troca (despachar).

▶ Cozinhe mais ou menos 250 gramas de canjica branca, <u>bem cozidas</u>. Escorra bem, coloque a metade numa vasilha e amasse os grãos com uma colher formando um purê. Depois com as mãos molde dois apetés como se fossem dois olhos um pouco maiores que um ovo. Se precisar coloque pedacinhos de miolo de pão para dar liga. Depois de pronto, crave bem no meio de cada uma ameixa-preta seca e torne a moldá-los novamente formando os olhos. Não precisa ficar perfeito. Depois de pronto, pinte esses olhos somente com mel usando o dedo como pincel. Esses olhos são muito bons para pessoas com problemas de visão.

▶ Podem também ser oferecidos sozinhos ou numa bandeja junto com outras oferendas pertencentes ao Orixá, colocados bem no meio da bandeja, um do lado do outro. Outra opção, é usar cocada, se souber fazer. Faça duas e ainda mornas molde como se fossem dois olhos com as ameixas-pretas no meio. O resto segue igual

Observação: Você pode colocar a sobra da canjica numa bandeja com um pouquinho de mel por cima como oferenda também.

Nota importante: Esses olhos podem ser oferendados ao Orixá Oxalá como <u>defesa, segurança ou trabalho</u> para você, ou alguém que esteja necessitando algo importante e urgente, acompanhados do sacrifício de uma ave (galo, galinha, angolista, pombo etc.), na cor e tipo correspondente ao Orixá e a sua nação africana. Porém, esse ritual só pode ser feito por pessoas capacitadas e que tenham bastante conhecimento no assunto e principalmente Axé de obé (mão de faca).

Portanto esse tipo de ritual só pode ser feito por Babalorixá, Yalorixá, Pai de Santo, Mãe de Santo etc.

Não ensinarei a sacrificar a ave, nem falarei sobre o destino que se dá a ela, até mesmo porque quem usar desse preceito com certeza sabe como fazê-lo, com base na sua raiz ou fundamento da nação africana que pratica e que varia muito de uma nação para a outra. Sempre é preciso ter cuidado e ter o máximo de atenção possível para não prejudicar ou ofender a comunidade, a natureza e principalmente os Orixás deste panteão.

Esses olhos podem ser feitos sem o sacrifício de aves (corte) como oferenda, defesa ou trabalho, por qualquer pessoa, independentemente de religião, cor, raça, médiuns, leigos ou iniciante na Religião Africana, desde que tenham fé e confiança nos Orixás.

Trabalhos

Quebrar as forças de um inimigo

Material necessário:

- 1 taça de vidro
- 1 vela vermelha em cima e branca embaixo ou toda branca
- 1 caixa de fósforos

Modo de fazer:

Levar a taça ao cemitério numa terça-feira e deixá-la mais ou menos escondida num túmulo velho com a vela acesa e a caixa de fósforos semiaberta, oferecendo a Iansã, senhora das almas e dos eguns, para que quebre as forças do seu inimigo. Conte nove dias e volte ao cemitério para pegar a taça e quebrá-la na frente ou o mais próximo possível da casa do inimigo, oferecendo a Iansã e pedindo que quebre as forças do seu inimigo.

Observação: Não esqueça que cada vez que você for ao cemitério deve se descarregar com cinza, ou com um banho de sal grosso ou de ervas.

Para qualquer tipo de comércio

Material necessário:

- ► Milho torrado
- ► Amendoim torrado
- ► Pipoca
- ► 1 vela vermelha

Modo de fazer:

Estoure o milho de pipoca e torre-o o milho deixando-o clarinho. Torre o amendoim e misture tudo numa vasilha ou saco plástico. À noite acenda a vela num castiçal ou num pires improvisado sobre o piso e deixe acesa até terminar de queimar. Espalhe a pipoca, o milho e o amendoim no piso do local onde funciona o comércio ou a empresa. Deixe toda a noite e pela manhã bem cedo (6 horas) varra da porta da frente para o fundo. Coloque tudo num jornal e despache na rua, em frente de um banco ou de um local bem movimentado e deixe o jornal aberto com o milho, amendoim e pipoca aparecendo.

Observação: Quando acender a vela, espalhar o conteúdo no recinto, varrer pela manhã e despachar na frente do banco ou do local escolhido, chame por Xapanã, Bará e Iansã, pedindo tudo de bom ou o que desejar em relação ao comércio.

Para melhorar a situação financeira

Material necessário:

- ► 1 quilo de canjica amarela
- ► 8 velas amarelas
- ► 1 pote grande de mel
- ► 1 caixa de fósforos
- ► 32 moedas de vários valores
- ► 1 bacia grande
- ► 1 caixa de fósforos

Modo de fazer:

Cozinhe a canjica amarela bem cozida com bastante caldo, coloque na bacia grande e espere esfriar. À tardinha, ou à noite se preferir, leve a um local que tenha água (rio, cachoeira, praia, mar etc.), chegando ao local saúde os Orixás pertencentes ao mesmo e despeje toda a canjica no chão na beira d'água para que fique em contato com ela.

Depois, coloque as moedas em cima, vire todo o mel em cima da canjica e das moedas e acenda as velas deixando a caixa de fósforos semiaberta.

Ofereça a Oxum e peça melhorias financeiras para sua casa ou seu comércio se preferir.

Observação: A bacia e a vasilha do mel voltam com você. Essa oferenda é muito boa de fazer duas semanas antes de alguma festa ou homenagem a algum Orixá no terreiro.

Contra os inimigos

Material necessário:

- ► 1 caixa de algodão
- ► 1 vidro pequeno de mel
- ► 8 velas brancas
- ► 1 caixa de fósforos
- ► Papel com os nomes dos inimigos

Modo de fazer:

Escolha um dia bonito e seco e direcione-se a um local que tenha água (praia, rio, mar). Ao chegar ao local, peça licença às entidades pertencentes ao mesmo para arriar o trabalho e oferecer a Oxalá.

Próximo à água, no chão, faça uma cama com o algodão, deite o papel com os nomes dos inimigos em cima dessa cama. Despeje todo o mel por cima da cama e dos nomes dos inimigos. Depois, acenda as velas em círculo em volta da cama e deixe a caixa de fósforos semiaberta ao lado. Peça ao grande Pai Oxalá que deite nessa cama todos os seus inimigos, para que não tenham forças para lhe fazerem ou lhe desejarem mal.

Observação: Não se esqueça de levar o frasco vazio do mel e do algodão com você para dar um melhor fim. E, ao se retirar, vá até a beira d'água e molhe as mãos, rosto e as fontes pedindo tudo de bom pra você.

Esse trabalho também pode ser feito em frente ao altar dos Orixás, porém use uma bandeja forrada com papel de seda branco ou folha de mamoneiro para fazer a cama em cima, o resto segue igual. As velas devem ser queimadas uma a cada dia, ou substitua por uma de sete dias na mesma cor. Depois, despache num verde ou enterre na praia, rio, riacho, mar ou no seu próprio pátio.

Língua para fofoqueiro

Material necessário:

- ► 1 língua de vaca
- ► Pimentas
- ► Agulha
- ► Linha preta
- ► Nome da pessoa

Modo de fazer:

Fazer sete cortes na língua com uma faca, colocar em cada corte o nome da pessoa e endereço escrito num papel e acrescentar pimenta. Costurar os setes cortes com a linha preta. Depois, levar a um mato ou a um lugar qualquer no tempo. Deixar num lugar bem alto, de preferência em cima de uma árvore ou se preferir coloque no congelador e deixe ali por um longo período, depois despache no tempo.

Segurança de quartinha para saúde

Material necessário:

- ► 1 quartinha branca média
- ► 300 gramas de canjica branca
- ► Mel
- ► Esparadrapo
- ► Nome e endereço completo da pessoa
- ► 8 velas brancas
- ► 1 caixa de fósforos
- ► 1 pomba branca
- ► 1 banho de descarga

Modo de fazer:

Cozinhe a canjica e escorra bem num escorredor de massa ou de arroz deixando os grãos bem sequinhos. Pegue a quartinha, coloque o papel com o nome dentro, encha bem com a canjica deixando um espaço para completar com mel. O restante da canjica pode ser colocado numa bandeja como oferenda. Leve tudo para frente do altar dos Orixás, passe muito bem a quartinha no corpo da pessoa pedindo a Oxalá bastante saúde. Depois as oito velas e por último passe muito bem o pombo no corpo da pessoa, dirija-se até a porta e solte-o vivo na mesma hora oferecendo-o a Oxalá.

Depois, tampe a quartinha e lacre com o esparadrapo. Acenda uma vela, bata sineta e peça a Oxalá bastante saúde para pessoa. As outras velas devem ser acesas na sequência uma da outra, podendo ser uma por dia. Feito isso, a pessoa pode ir para casa cuidando o máximo que puder durante os próximos três dias. Oito dias depois a quartinha pode ser recolhida para um canto ou prateleira do altar dos Orixás. Ou, se preferir, a pessoa dona da segurança pode levar para casa e ela mesma cuidar, colocando-a num lugar seguro, de onde não caia e quebre, onde não pegue sol, calor, ou água. Essa segurança tem uma duração de dois anos e deve ser renovada depois desse prazo.

Observação: Um pouco antes de fazer o trabalho a pessoa que vai ser beneficiada com a segurança e quem vai realizar deve tomar um banho de descarga.

Essa segurança também pode ser feita na beira d'água, deixando a bandeja, as oito velas acesas, a caixa de fósforos semiaberta e soltando o pombo vivo, mas a quartinha você deve lacrar e levar para casa, o resto segue tudo igual.

Essa mesma segurança pode ser feita com Oxum, trocando apenas as velas e a canjica branca por amarelas, e direcionando o pedido a Oxum.

Se a segurança for feita no altar dos Orixás, independente de ser para Oxalá ou Oxum, você pode substituir as oito velas por uma de sete dias na cor do Orixá para quem é feita a segurança.

Para encontrar um amor

Material necessário:

- ► 500 gramas de farinha de mandioca
- ► 1 pote pequeno de mel
- ► 1 quilo de milho de galinha escolhido
- ► 1 pacote de coco ralado
- ► 7 batatas-inglesas pequenas
- ► 1 bandeja de papelão média
- ► Papel de seda vermelho ou folha de mamoneiro
- ► 7 velas vermelhas
- ► 1 rosa vermelha (sem espinhos)
- ► 1 caixa de fósforos

Modo de fazer:

Escolha o milho e deixe de molho de um dia para o outro. No outro dia troque a água e acrescente uma colher de sopa de mel. Coloque para cozinhar com pouca água. Quando a água estiver quase secando, coloque um pouco de coco ralado e mexa até secar totalmente, ou seja, torrando só um pouquinho para que fique bem clarinho. Forre a bandeja com o papel ou folha de mamoneiro e coloque o milho pronto. Cozinhe as sete batatas-inglesas, descasque e passe mel colocando envolta da bandeja em cima do milho. Coloque a farinha de mandioca numa vasilha, acrescente mel e misture com as mãos até se formar uma massa firme (não mole). Depois molde em suas mãos um apeté (uma pirâmide) e coloque alguns minutos no congelador para terminar de firmar bem. Após pegue esse apeté e a rosa e coloque-os no meio da bandeja. Se preferir pode passar no corpo da pessoa e leve para um local que tenha água (praia, rio, mar). Deixe a bandeja na beira d'água com a rosa olhando para a água e ofereça ao Bará Agelú pedindo que lhe traga um amor ou a pessoa que você desejar. Acenda as velas sempre pedindo ao Bará Agelú e deixe a caixa de fósforos semiaberta.

Observação: Se você for fazer no altar, congá, peji, quarto de santo, deixe a bandeja de forma que a rosa fique olhando para o altar (imagens). Acenda as velas espaçadamente ou troque por uma de sete dias. Após queimar as velas, pode ser despachado na beira d'água ou numa encruzilhada sem problema algum.

Construir ou comprar sua casa

Material necessário:

- ► Papel cartolina ou cartaz vermelho
- ► Fita adesiva durex
- ► 1 tesoura
- ► 1 maçã
- ► 1 chave de casa com dente (modelo antigo)
- ► 3 batatas-doces média
- ► 7 balas de mel
- ► 7 moedas quaisquer
- ► Milho de pipoca
- ► Milho de galinha

- ▶ 7 velas, vermelha em cima e branca embaixo
- ▶ 1 caixa de fósforos
- ▶ Mel
- ▶ Azeite de dendê

Modo de fazer:

Com a tesoura recorte a cartolina em forma de paredes de uma casa com portas e janelas abertas. Com o durex cole as partes montando a casa. Cozinhe as batatas, descasque-as ainda quente e amasse com uma colher formando um purê. Depois, com as mãos molde um apeté de Iansã, uma bola com um furo no meio e pinte-a mesma com o mel e azeite de dendê.

Para isso use o dedo molhando no mel e depois no azeite de dendê. Torre um pouquinho de milho de galinha e estoure um pouquinho de milho de pipoca.

Coloque tudo dentro da casa, a maçã, apeté, balas, milho torrado, pipoca, moedas. Coloque a chave na frente na porta de entrada deitada no sentido de como se estivesse abrindo a porta para entrar, ou seja, com os dentes para dentro da casa.

Coloque a casa na frente do altar dos Orixás com a porta da frente de frente para você e o fundo da casa para o altar. Acenda uma das velas, bata sineta, faça seu pedido e vele com as velas intercaladas uma por dia, ou substitua por uma de sete dias na mesma cor.

Ofereça a Orixá Iansã e ao Bará e peça para que eles o ajudem a conseguir uma casa. Depois dos sete dias, despache num mato aberto, campestre ou numa encruzilhada aberta, afastado da cidade. Não é preciso velas, pois já foi velado.

Se preferir faça tudo e leve direto no mato, campestre ou encruzilhada aberta deixando as sete velas acesas, a caixa de fósforos semiaberta e oferecendo a Orixá Iansã e Bará fazendo seu pedido.

Para ajudar num casamento

Material necessário:

- ▶ 3 batatas-doces
- ▶ 2 bananas
- ▶ 2 alianças
- ▶ 2 pratos de papelão
- ▶ 7 velas, em cima vermelha e branca em baixo
- ▶ 1 caixa de fósforos
- ▶ Mel
- ▶ Milho de pipoca
- ▶ Fita branca de 10 cm
- ▶ Fita vermelha de 10 cm
- ▶ Fita adesiva
- ▶ Papel de seda vermelho
- ▶ Papel de seda branco

Modo de fazer:

Forre um dos pratos com os papéis de seda ou com folha de mamoneiro. Cozinhe as batatas, descasque-as ainda quentes e amasse com uma colher formando um purê. Com as mãos molde um coração e coloque em cima do prato enfeitado com os papéis de seda.

Decore a volta do coração com um pouquinho de pipocas e por cima da pipoca coloque 6, 12 ou 24 rodelas finas de banana como se fossem alianças. Em cima do coração coloque um papel pequeno com os nomes e endereço completo do casal, em cima do papel coloque as alianças amarradas em tope com as fitas. Coloque mel por cima de tudo e lacre com o outro prato por cima usando a fita adesiva.

Leve para frente do altar dos Orixás acenda uma das velas, bata sineta e ofereça a Iansã e Xangô fazendo seu pedido.

Vele por sete dias acendendo uma vela a cada dia ou substitua por uma de sete dias na mesma cor. Após enterre embaixo de um pé de pitangueira ou se não for possível enterre no seu pátio ou num mato limpo. Sempre fazendo o pedido a Iansã e Xangô

Observação: Caso não possua um altar dos Orixás, faça tudo igual e enterre na mesma ordem nos locais já citados anteriormente, deixando as sete velas acesas e fazendo o pedido.

Esse trabalho serve para ajudar em um casamento, namoro ou relacionamento.

Limpeza e descarrego

Material necessário:

- ▶ Um pedaço de tecido preto 25 por 45 cm
- ▶ Um pedaço de tecido vermelho 25 por 45 cm
- ▶ Linha preta ou vermelha
- ▶ Agulha
- ▶ Amendoim
- ▶ Milho de pipoca
- ▶ Feijão-preto
- ▶ Milho de galinha
- ▶ 7 velas vermelhas e pretas
- ▶ 1 caixa de fósforos
- ▶ Mel
- ▶ Azeite de dendê

Modo de fazer:

Com a linha e a agulha costure os tecidos formando um saco, deixando uma abertura de 25 cm. Escolha o milho de galinha e torre bem numa panela junto com o amendoim e o feijão.

Estoure um pouco de pipoca e depois de esfriar misture tudo e coloque dento do saco junto com as sete velas.

Passe muito esse saco no corpo da pessoa(s), ou nas paredes do local destinado a limpeza e descarrego, chamando pelo Orixá Xapanã e pedindo tudo de bom para a pessoa ou para o local.

Depois, despache tudo num muro bem velho, no mato ou numa encruzilhada afastada de casas. Deixe as velas acesas ao lado, a caixa de fósforos semiaberta e coloque um pouco de mel e azeite de dendê por cima de tudo, sempre chamando pelo Orixá Xapanã e pedindo tudo de bom.

Não é para virar no chão, deixe tudo dentro do saco em pé, com a boca do saco aberta e derrame o mel e o azeite de dendê dentro do saco.

Observação: Essa limpeza é ótima para o momento que desejar e principalmente no fim de ano. Esse saco pode ser passado tanto na pessoa(s) como no local, porém deve se passar primeiro na pessoa e depois no local.

As cores dos tecidos, da linha e das velas podem ser substituídas pelas cores lilás ou roxo escuro.

Para destrancar algo urgente

Material necessário:

- ▶ 1 pacote de milho pipoca
- ▶ 1 quilo de milho de galinha
- ▶ 1 pacote de coco ralado
- ▶ 1 bandeja de papelão média
- ▶ Papel de seda vermelho ou folha de mamoneiro
- ▶ 7 velas vermelhas
- ▶ 1 vela azul-clara
- ▶ 1 vela branca
- ▶ 1 vela amarela
- ▶ Mel
- ▶ Azeite de dendê
- ▶ 1 caixa de fósforos

Modo de fazer:

Escolha o milho de galinha um dia antes e deixe de molho na água. No outro dia escorra a água e coloque para torrar numa panela com duas xícaras de água nova. Quando a água estiver quase secando, coloque um pouco de coco ralado, duas colheres de mel e algumas gotas de azeite de dendê. Mexa com uma colher de madeira até secar totalmente a água e começar pegar uma cor. Não é para deixar escuro, e sim clarinho.

Enfeite a bandeja com o papel de seda ou com a folha de mamoneiro e coloque o milho com coco já pronto.

Estoure bastante milho de pipoca numa panela grande cheia e coloque numa sacola plástica ou numa bacia.

Pela manhã bem cedo, à tardinha, ou à noite se preferir, vá a um lugar que tenha água – rio, praia, mar – e leve todo o material já preparado.

Chegando ao local, passe as sete velas vermelhas no corpo, faça o pedido e acenda-as oferecendo ao Orixá Bará Agelú. Depois, deixe-as cravadas no chão em forma de um triângulo em que caiba a bandeja dentro. Após, passe a bandeja da mesma forma fazendo o pedido ao Orixá Bará Agelú e coloque dentro do triângulo. Após as três velas, branca, amarela e azul oferecendo ao Orixá Oxalá, Oxum, Iemanjá fazendo o pedido e deixando acesas ao lado da oferenda com a caixa de fósforos semiaberta.

Para termina pega a sacola ou a bacia com as pipocas e faça um chuveiro de pipocas, ou seja, vá jogando com as mãos os punhados de pipocas para cima e fique embaixo para que caiam em cima de você. Sempre fazendo o pedido de bastantes coisas boas ao Orixá Bará Ajelú. Feito isso, esta tudo pronto, podendo voltar pra casa e seguir sua vida normal, sem ingerir bebidas alcoólicas durante os próximos três dias.

Para fortalecer a cabeça

Material necessário:

- ► 1 miolo de boi
- ► 300 gramas de canjica branca
- ► Vasilha média branca ou transparente ou alguidar pintado de branco
- ► Mel
- ► 1 vela branca de sete dias
- ► Meio metro de tecido branco

Modo de fazer:

Cozinhe a canjica e deixe escorrer bem. Após esfriar, leve a pessoa para frente do altar dos Orixás junto com todo o material. Coloque a pessoa de joelho, acenda a vela, bata sineta pedindo a Oxalá tudo de bom para a pessoa, principalmente saúde.

Depois, pegue o miolo de boi e coloque em cima da cabeça da pessoa e deixe-o mais ou menos um minuto para que o miolo receba o calor da cabeça, sempre fazendo os pedidos a Oxalá. Então, coloque o miolo na vasilha e cubra rapidamente com a canjica branca, coloque um pouco de mel por cima da canjica e está pronto.

Libere a pessoa para ir para casa. Não é permitido lavar a cabeça nos próximos dois dias, e deve-se ter o máximo de cuidado durante os próximos três dias.

No outro dia pegue a sineta, bata e faça uma nova chamada ao Orixá Oxalá pedindo tudo de bom para a pessoa e cubra a vasilha com o manto branco. Deixe velar até queimar toda a vela. Feito isso, despache enterrando tudo menos a vasilha na praia, rio ou mar, no pátio do local onde foi feito o trabalho ou se preferir dê para que a pessoa beneficiada com o trabalho leve e enterre em seu pátio.

Observação: Antes de fazer o trabalho a pessoa que será beneficiada deve tomar um banho de descarga e não vestir roupa escura.

União de casais

Material necessário:

- ► 1 alguidar médio
- ► Milho de pipoca
- ► Mel
- ► 1 casal de bonecos brancos
- ► 2 miniaturas de arco e flecha
- ► Algodão
- ► 30 cm de fita azul
- ► 30 cm de fita rosa ou branca
- ► 1 vela de sete dias azul e rosa ou azul e branca

Modo de fazer:

Enfie um arco e flecha em cada boneco e coloque um de frente para o outro com um papel com o nome e endereço completo de cada um no meio dos dois bonecos. Amarre os dois com as fitas em forma de tope, forre o alguidar com algodão e coloque os bonecos dentro. Cubra bem os bonecos com pipocas carameladas até a boca do alguidar e termine cobrindo tudo novamente com algodão.

Coloque em frente ao altar dos Orixás, acenda a vela e bata sineta pedindo aos Orixás Odé e Otim a união do casal que está em crise, dificuldade de relacionamento, brigados ou em choque com seus espíritos.

Deixe velar no altar até terminar a vela, depois recolha para um canto do altar dos Orixás por mais uns 30 dias e despache no mato, campestre ou numa cachoeira. Se preferir você pode enterrar sem o alguidar no pátio do local onde foi feito o trabalho ou no pátio do casal favorecido.

Observação: Se você quiser fazer os bonecos com um pedaço de roupa bem usada de cada um do casal, independente da cor exceto preto, é melhor ainda.

Segurança para sua casa

Material necessário:

- ▶ Milho de pipoca
- ▶ Mel
- ▶ Azeite de dendê
- ▶ Milho de galinha
- ▶ 4 batatas-inglesas
- ▶ 3 batatas-doces
- ▶ 1 maçã
- ▶ 7 balas de mel
- ▶ 2 folhas de papel de seda vermelho ou folhas de mamoneiro

Modo de fazer:

Escolha o milho de galinha e torre sem que fique muito escuro. Estoure um pouco de pipoca. Corte sete rodelas finas de batata-doce com casca e frite. Junte o restante das batatas-doces com as batatas-inglesas e coloque para cozinhar. Depois de cozidas, ainda quentes descasque-as e amasse-as com uma colher formando um purê e faça dois apetés.

Um para o Orixá Bará com as batatas-inglesas em forma de uma pirâmide bem pontuda e o outro com as batatas-doces para Iansã em forma de bola com um furo em cima.

Faça um buraco que caiba tudo dentro, de preferência na frente de sua casa, ou, caso não seja possível, no fundo. Forre com o papel de seda ou com as folhas de mamoneiro e coloque tudo dentro nesta ordem: as pipocas num lado, o milho no outro, bem no meio a maçã e os dois apetés; ao redor destes as rodelas de batata-doce fritas, e ao redor de tudo as balas de mel descascadas. Coloque um pouco de mel e azeite de dendê por cima de tudo, cubra tudo com o papel de seda ou folhas de mamoneiro e termine tapando o buraco bem tapado com terra.

Se tiver cachorro em casa coloque algo em cima para evitar que ele desenterre o trabalho.

Se mora em apartamento, também pode fazer essa segurança, porém use um vaso grande com um pouco de terra no fundo e o resto segue igual. Se quiser, plante uma folhagem sem espinhos, de preferência espada-de-santa-bárbara, dinheirinho, dólar ou fortuna.

Não precisa vela, mais se quiser pode acender uma vermelha depois de pronto, em cima do buraco ou ao lado do vaso, para marcar o trabalho e acender outras vezes, caso deseje.

Essa segurança tem validade de um ano. Depois, é preciso renovar abrindo o buraco ou o vaso e refazer tudo como foi ensinado.

Essa segurança é destinada ao Orixá Bará e Iansã, portanto durante todo o processo peça a esses Orixás bastante segurança e tudo que você deseja para sua casa.

Pedido de saúde

Material necessário:

- ▶ Meio quilo de feijão-preto
- ▶ 1 bandeja de papelão pequena
- ▶ 1 vela sete dias vermelha e preta
- ▶ Papel de seda vermelho
- ▶ Papel de seda preto
- ▶ 1 caixa de fósforos

Modo de fazer:

Cozinhe o feijão-preto bem cozido. Escorra bem, coloque numa vasilha e amasse os grãos com uma colher formando um purê. Depois, com as mãos molde uma bola como se fosse uma cabeça. Depois de pronto, com o dedo minguinho faça um furo de cada lado da bola como se fossem as orelhas, faça mais dois furos um pouco separados um do outro na frente como se fossem os olhos, abaixo dos olhos faça mais dois furos juntos como se fossem o nariz e abaixo do nariz um furo como se fosse a boca.

Coloque em cima da bandeja já enfeitada com os papéis de seda ou com folha de mamoneiro. Leve para frente do altar dos Orixás junto com a vela, acenda a vela, bata sineta aos Orixás pedindo a Xapanã tudo de bom, principalmente em relação a saúde, passe a bandeja no corpo, ajoelhe-se e levante a bandeja com a cabeça na altura da sua com os furos dos olhos olhando para os seus e os seus olhos olhando para os olhos da cabeça. Converse com ela como se estivesse conversando com o Orixá Xapanã, e faça seus pedidos a ele.

Vele por sete dias e depois despache embaixo de uma árvore cinamomo ou corticeira ou se preferir despache num mato ou enterre no seu pátio.

Se o trabalho for para outra pessoa, passe a cabeça nela e dê para que ela mesma converse com a cabeça.

Os papéis vermelho e preto e a vela vermelha e preta podem ser substituídos por roxo ou lilás. Você ainda pode levar direto a uma das árvores ou mato, porém troque a vela de sete dias por sete velas comuns e não se esqueça de deixar a caixa de fósforos semiaberta. Se precisar use pedacinhos de miolos de pão para dar liga no feijão na hora de fazer a cabeça. O resto segue igual.

Saúde para alguém hospitalizado

Material necessário:

- ► 3 batatas-inglesas
- ► 1 folha de mamoneiro
- ► 7 velas comuns verdes claras
- ► 1 caixa de fósforos

Modo de fazer:

Cozinhe as três batatas-inglesas. Ainda quente, descasque-as e amasse com uma colher formando um purê. Com as mãos molde um apeté em forma de uma pirâmide com a ponta levemente arredondada.

Enrole numa folha de mamoneiro, pegue as velas e dirija-se ao hospital onde se encontra a pessoa ou criança hospitalizada. Discretamente encoste ou passe no corpo dela o apeté e as velas pedindo ao Orixá Ossain que traga a cura para essa pessoa ou criança.

Depois, leve essas velas e o apeté e despache num coqueiro ou palmeira bem alto pedindo ao Orixá Ossain saúde, e que levante essa pessoa do hospital o mais rápido possível.

Deixe as velas acesas e a caixa de fósforos semiaberta.

Se não conseguir a folha de mamoneiro, substitua por papel de seda verde-claro ou branco. Se não puder levar a um coqueiro ou palmeira, leve a um mato aberto (limpo) ou vele no altar dos Orixás acendendo as sete velas, uma por dia, e batendo a sineta todos os dias no momento de acender a vela, fazendo o pedido. Se você não conseguir as velas verde--claras pode substituí-las por brancas.

Depois de velado despache num verde qualquer.

União de casais ou namorados

Material necessário:

- ► 1 quartinha média pintada de amarela, vermelha e branca
- ► 30 cm de fita bebe amarela.
- ► 30 cm de fita bebe branca
- ► 30 cm de fita bebe vermelha
- ► 1 casal de bonecos branco
- ► 1 par de alianças
- ► 12 rodelas finas de banana
- ► 8 quindins pequenos
- ► Esparadrapo
- ► 8 balas de mel
- ► Mel
- ► 1 vela de sete dias amarela
- ► 1 vela de sete dias vermelha e branca

Modo de fazer:

Enfie uma aliança em um dos braços de cada boneco, junte os dois de frente um para o outro com um papel com os nomes e endereços completos de cada um no meio dos dois bonecos, amarre os dois juntos com as fitas em forma de tope.

Coloque os bonecos dentro da quartinha e depois as rodelas de bananas, os quindins e as balas sem os papéis.

Se precisar soque para caber tudo. Por último coloque um pouco de mel.

Leve tudo para frente do altar dos Orixás, acenda as duas velas uma de cada lado da quartinha, que deve ficar destapada com a tampa ao lado. Bata sineta e ofereça aos Orixás Oxum e Xangô e peça tudo de bom em relação ao casal.

Vele por uma noite e no dia seguinte bata sineta novamente fazendo os pedidos e tampe a quartinha lacrando bem com o esparadrapo.

Após queimar as velas recolha para um canto do altar e deixe ali por um longo tempo ou até alcançar seu objetivo.

Depois você pode despachar, enterrando num local perto d'água, no pátio ou até mesmo desmanchar o trabalho sem problema algum.

Encontrar um amor

Material necessário:

► Meio quilo de milho de galinha

Modo de fazer:

Escolha bem o milho deixando somente os grãos inteiros. Coloque num saco plástico, de papel ou até mesmo no seu bolso.

De manhã cedo ou à noite se preferir, vá a uma encruzilhada aberta, pare num dos lados da encruzilhada – você pode trocar de lado aos poucos. Disfarçadamente e devagar, ou seja, jogue o milho cru no meio da encruzilhada chamando pelo Orixá Bará Ajelú e pedindo que ele lhe traga um amor.

Jogue o milho aos pouquinhos e conversando com o Orixá Bará Ajelú fazendo seu pedido e prometendo que, assim que tiver resultado, você vai levar uma bandeja com seu axé, completa e bem bonita e lhe oferecer numa encruzilhada, na beira da praia ou mar, que é o local onde ele recebe suas oferendas.

Se for atendido, não se esqueça de pagar a promessa, sob pena de perder seu amor. Pois o Bará irá cobrar.

Oferenda para o bará ajelú: milho de galinha escolhido e torrado clarinho, pipoca, apeté de batata-inglesa, sete balas de mel, sete moedas, sete batatas-inglesas pequenas assadas com casca ou cozidas e descascadas pintadas com mel, bandeja de papelão, papel de seda vermelho ou folha de mamoneiro e vela vermelha.

Separar duas pessoas ou um casal

Material necessário:

- ▶ 2 bonecos de pano vermelhos ou brancos representando as pessoas
- ▶ 1 tubo de pólvora
- ▶ 1 quilo de milho de galinha
- ▶ Milho de pipoca
- ▶ 1 bandeja de papelão
- ▶ Papel de seda vermelho ou folha de mamoneiro
- ▶ 7 batatas-inglesas pequenas assadas com cascas
- ▶ 7 velas comuns vermelhas
- ▶ 1 caixa de fósforos

Modo de fazer:

Escolha o milho de galinha e torre deixando bem escuro. Estoure um pouco de pipoca. Asse as batatas-inglesas. Forre a bandeja com o papel de seda ou com a folha de mamoneiro. Coloque o milho torrado em um dos lados da bandeja, e do outro lado as pipocas.

Na volta da bandeja em círculo por cima do milho e da pipoca, distribua as batatas assadas.

No meio da bandeja coloque os bonecos um de frente para o outro com um papel com os nomes e endereço completo de cada um no meio dos dois e também bastante pólvora entre os dois bonecos (os bonecos devem ficar arrumados na bandeja com pólvora no meio dos dois, de forma que, ao colocar fogo na pólvora, com o estouro eles possam se separar), portanto o melhor é colocar os bonecos e a pólvora na hora e no local que for realizar o trabalho.

Escolha um local que tenha um barranco, pode ser uma estrada, coloque a bandeja bem na beira do barranco de modo que, ao estourar a pólvora, ela também possa cair do barranco. Se não cair não tem problema.

Acenda as velas ao lado da bandeja, chamando pelo Orixá Bará Lodê e fazendo o pedido, e por último coloque fogo na pólvora.

Cuidado com o estouro, eu aconselho prender o palito de fósforos na ponta de uma vara ou algo mais comprido pra evitar um acidente.

Deixe a caixa de fósforos semiaberta.

Se você não conseguir um local que tenha um barranco, pode ser feito numa encruzilhada.

E preste bem atenção, independente do local onde seja feito esse trabalho, ele vai lhe queimar na encruzilhada, ou seja, com o Orixá Bará Lodê.

Portanto, para se clarear com o Orixá, dois ou três dias após realizar esse trabalho, você deve obrigatoriamente tomar um banho de descarga e fazer uma oferenda bem bonita na encruzilhada para o Orixá Bará Lodê abrir seus caminhos.

Oferenda para o Orixá bará lodê: milho de galinha escolhido e torrado bem escuro, pipoca, apeté de batata-inglesa em forma de pirâmide bem pontuda e outro em forma de chave, sete balas de mel, sete moedas, sete batatas-inglesas pequenas assadas com casca, bandeja de papelão, papel de seda vermelho ou folha de mamoneiro, vela vermelha.

Afastar uma pessoa

Material necessário:

- 1 bola de plástico comum e dura
- Canjica branca
- Mel
- 8 merengues pequenos
- Esparadrapo
- 8 velas azul-claras
- 1 caixa de fósforos

Modo de fazer:

Cozinhe um pouco de canjica e deixe escorrer bem. Faça um corte na bola e coloque a canjica dentro, junto com um papel com o nome e endereço completo da pessoa que você quer que vá embora, saia da sua vida, se mude de casa ou de cidade. Coloque também os merengues e um pouco de mel e lacre com esparadrapo o corte feito na bola.

Vá a uma praia, rio ou mar, de preferência que tenha correnteza de água, acenda as velas oferecendo à Orixá Iemanjá e peça para que ela leve essa pessoa para bem longe do seu caminho.

Deixe a caixa de fósforos semiaberta e dirija-se até a água e jogue a bola bem longe para que a correnteza a leve. Faça isso saudando a Iemanjá e fazendo seu pedido.

Para encontrar o companheiro certo

Material necessário:

- 1 pacote de canjica amarela
- 1 bandeja de papelão
- Papel de seda amarelo ou folha de mamoneiro
- 1 pote pequeno de mel
- 8 velas amarelas

ORIXÁS – *Seguranças, Defesas e Firmezas*

- ► 8 moedas quaisquer
- ► 1 caixa de fósforos

Modo de fazer:

Cozinhe a canjica e deixe escorrer bem o caldo num escorredor.

Enfeite a bandeja com o papel de seda ou com folhas de mamoneiro. Coloque a canjica na bandeja em forma de um coração, ou seja, coloque aos poucos os grãos e molde, dando forma a um coração.

Crave as oito mordas no coração de canjica e coloque mel por cima de tudo.

Pegue a bandeja junto com as velas e a caixa de fósforos e leve para um lugar que tenha água, por exemplo rio, cachoeira, praia, mar etc. Chegando ao local, coloque a bandeja na beira da d'água e acenda as oito velas em volta da bandeja com uma distância que evite que a bandeja pegue fogo. Deixe a caixa de fósforos semiaberta, ofereça a Oxum, faça seus pedidos a ela e volte para casa.

Observação: Se preferir, pode passar a bandeja e as velas no seu corpo fazendo os pedidos antes de arriar no chão para Oxum.

Se tiver altar dos Orixás em sua casa pode fazer nele. Queime as velas longe uma da outra. Você pode também trocar por uma de sete dias e depois despache-a no mesmo local ou enterre no seu pátio.

Importante: Independente do local onde tenha sido feito, natureza ou no seu altar dos Orixás, depois de tudo pronto e o pedido feito, antes de se retirar você deve pegar duas moedas da oferenda e conversar com a Oxum dizendo mais ou menos: que você vai levar essas duas moedas com você e, assim que for atendido o seu pedido, você vai fazer a mesma oferenda a ela, porém com dez moedas, ou seja, as oito mais duas que você está levando.

Para melhora financeira

Material necessário:

- 4 batatas-inglesas
- 7 moedas quaisquer
- 7 ovos
- 1 pedaço de linguiça
- 7 figos
- 7 velas verde-claras
- 1 bandeja de papelão
- Papel de seda verde-claro ou folha de mamoneiro
- 1 caixa de fósforos
- Mel

Modo de fazer:

Cozinhe as batatas-inglesas, descasque-as ainda quentes, amasse com uma colher formando um purê e com as mãos molde um apeté em forma de pirâmide com a ponta levemente arredondada.

Cozinhe os ovos e descasque, cozinhe a linguiça e corte sete rodelas.

Enfeite a bandeja com o papel de seda ou com a folha de mamoneiro e monte na seguinte ordem:

Crave as sete moedas no apeté e coloque-o no meio da bandeja. Em volta do apeté coloque os sete ovos, as setes rodelas de linguiça e os sete figos intercalados: um ovo, uma rodela de linguiça, um figo e assim sucessivamente. Para terminar coloque um pouco de mel por cima de tudo.

Pegue a bandeja, as velas e a caixa de fósforos e leve num mato aberto, campestre ou num pé de coqueiro ou palmeira. Arrie no chão, acenda as velas em volta, um pouco afastadas para evitar que caia e pegue fogo na oferenda, e ofereça a Ossain pedindo tudo de bom principalmente em relação a sua situação financeira. Deixe a caixa de fósforos semiaberta.

Observação: Se tiver altar dos Orixás em casa, pode arriar nele. Vele com as sete velas espaçadamente uma da outra ou troque por uma de sete dias e depois despache num dos locais citados anteriormente sem vela, ou enterre no seu pátio.

Misericórdia

Material necessário:

- ► 1 gamela ou bacia de plástico média
- ► Papel de seda vermelho
- ► Papel de seda branco
- ► 200 gramas de farinha de mandioca
- ► 2 tomates
- ► 1 cebola
- ► 1 dente de alho
- ► Pimentão
- ► 400 gramas de carne de peito com granito
- ► Mostarda ou caruru (folha)
- ► 6 bananas
- ► 6 velas brancas em cima e vermelha em baixo
- ► 1 caixa de fósforos
- ► 6 copos de leite
- ► 1 maçã
- ► Mel
- ► Óleo de dendê
- ► 6 balas de mel
- ► 6 moedas quaisquer

Modo de fazer:

Pique a carne com o granito sem o osso e coloque para cozinhar no molho de tomate, cebola, pimentão, alho. Depois refogue a mostarda ou o caruru picado nesse molho com a carne e deixe secar bem.

Faça um pirão com a farinha de mandioca cozida só na água, sem tempero algum e bem firme.

Quando o pirão estiver pronto, misture bem com um pouco de refogado. Depois vire o pirão na gamela, que já deve estar enfeitada, com os papéis de seda. Crave no pirão na volta da gamela as seis bananas intercaladas, três sem casca e três com cascas descascadas até o meio.

Também intercalado nas bananas crave os copos de leite. Coloque o restante do refogado por cima espalhando bem. No meio coloque a maçã. Crave as moedas uma em cada banana no sentido como se fosse rolar para dentro da gamela. Distribua as balas de mel por cima descascadas e coloque um pouquinho de óleo de dendê e mel por cima de tudo.

Leve numa pedreira ou num local que tenha pedra e ofereça ao Orixá Xangô pedindo misericórdia por tudo que você fez ou deixou de fazer, peça que desse dia em diante sua vida melhore em todos os sentidos e que, sendo ele (Xangô) o dono da justiça, que ele possa lhe livrar de toda a injustiça que estiver lhe prejudicando.

Acenda as velas em volta do amalá um pouco afastadas para evitar que caiam e pegue fogo no amalá. Deixa a caixa de fósforos semiaberta.

Observação: Se tiver altar dos Orixás em casa, pode arriar nele. Vele com as seis velas longe uma da outra ou troque por uma de sete dias na mesma cor e depois despache num dos locais citados anteriormente sem vela, ou enterre no seu pátio.

Caso não consiga os copos de leite pode substituir por seis bolas feitas de algodão.

Se preferir, no lugar dos papéis de seda, pode usar folhas de bananeira ou de mamoneiro.

Perturbações espirituais em criança

Material necessário:

- ► 1 bandeja de papelão média
- ► 1 pé de alface
- ► 300 gramas de farinha de mandioca
- ► Mel

- ▶ 1 bife de carne de porco
- ▶ 7 bolinhas de gude (bolitas)
- ▶ 1 bico de criança azul
- ▶ 1 bico de criança rosa
- ▶ 1 fita bebe azul
- ▶ 1 fita bebe rosa
- ▶ 1 boneco ou boneca de pano se for o caso
- ▶ 4 velas azuis
- ▶ 3 velas rosa
- ▶ 1 caixa de fósforos

Modo de fazer:

Enfeite a bandeja forrando-a com as folhas de alface. Faça uma farofa com a farinha de mandioca e mel e coloque na bandeja já enfeitada com as folhas de alface. Frite o bife de porco num pouquinho de mel deixando malpassado e coloque em cima da farofa no meio da bandeja. Em cima do bife coloque o(a) boneco(a) representando a criança. Ao redor do bife coloque as bolinhas de gude.

Amarre a fita azul no bico azul e coloque em um dos lados do bife. Amarre a fita rosa no bico rosa e coloque no outro lado do bife.

Passe bem a bandeja e as velas na criança pedindo aos Orixás Odé e Otím saúde e proteção e leve num mato, campestre ou campo. Acenda as velas e reforce os pedidos a Odé e Otím em relação a criança e sua saúde. Deixe a caixa de fósforos semiaberta.

Observação: Caso tenha altar dos Orixás em casa, pode arriar nele. Vele com as sete velas longe uma da outra ou troque por uma de sete dias azul e rosa e depois de velar despache num dos locais citados anteriormente sem vela, ou enterre no seu pátio.

Nos próximos três dias, dê um banho de descarga na criança com folhas de laranjeira, mel e perfume.

Abrir caminhos financeiros

Material necessário:

- 1 gamela ou bacia de plástico média
- Papel de seda vermelho
- Papel de seda branco
- 200 gramas de farinha de mandioca (para o pirão)
- 200 gramas de farinha de mandioca (para a chave)
- 2 tomates
- 1 cebola
- 1 dente de alho
- Pimentão
- 400 gramas de camarão
- Mostarda ou caruru (folha)
- 6 bananas
- 6 velas brancas em cima e vermelha em baixo
- 1 caixa de fósforos
- Mel
- Óleo de dendê
- 6 balas de mel
- 6 moedas quaisquer

Modo de fazer:

Coloque o camarão para cozinhar no molho de tomate, cebola, pimentão, alho. Depois, refogue a mostarda ou o caruru picado nesse molho com o camarão. Deixando secar bem o molho.

Faça um pirão com a farinha de mandioca cozida só na água sem tempero algum e bem firme.

Quando o pirão estiver pronto, misture bem um pouco de refogado. Depois vire o pirão na gamela, que já deve estar enfeitada, com os papéis de seda. Crave no pirão, na volta da gamela, as seis bananas em pé com cascas e descascadas até o meio, (crave a parte com cascas e com a curva de dentro da banana virada para dentro da gamela ficando como se fosse uma coroa).

Coloque o restante do refogado por cima espalhando bem.

Pegue a outra farinha de mandioca e misture mel aos poucos até formar uma massa firme e com as mãos molde uma chave e coloque um pouquinho no congelador para firmar (não precisa ficar perfeita). Coloque bem no meio de tudo. Crave uma moeda em cada banana no sentido como se fosse rolar para dentro da gamela. Distribua as balas de mel descascadas por cima e coloque um pouquinho de óleo de dendê e mel por cima de tudo.

Leve numa pedreira ou num local que tenha pedra e ofereça ao Orixá Xangô pedindo tudo de bom, principalmente em relação a sua vida financeira. Peça que desse dia em diante sua vida melhore em todos os sentidos e que sendo ele (Xangô) o dono da justiça que ele possa lhe livrar de toda a injustiça que estiver lhe prejudicando.

Acenda as velas em volta do amalá um pouco afastadas para evitar que caia e pegue fogo no amalá. Deixa a caixa de fósforos semiaberta.

Observação: Se tiver altar dos Orixás em casa, pode arriar nele. Vele com as seis velas longe uma da outra ou troque por uma de sete dias na mesma cor e depois despache num dos locais citados anteriormente sem vela, ou enterre no seu pátio.

Se preferir no lugar dos papéis de seda pode usar folhas de bananeira ou de mamoneiro.

Contra inimigos de religião

Material necessário:

- ▶ 1 pedaço de tecido na cor que pertence o Orixá do seu inimigo
- ▶ Linha de costura na mesma cor
- ▶ Agulha
- ▶ 3 caixas de algodão
- ▶ 1 oferenda do orixá do seu inimigo

- 1 oferenda do orixá feitor do seu inimigo
- Meio metro de tecido preto
- Mel
- 1 vela do orixá do seu inimigo
- 1 vela do orixá feitor do seu inimigo
- 1 papel com o nome e endereço completo do seu inimigo
- 1 caixa de fósforos

Modo de fazer:

Com a agulha, a linha e o tecido da cor pertencente ao orixá do seu inimigo faça um boneco ou boneca se for o caso, representando-o. Se preferir compre pronto. Faça as oferendas conforme citado anteriormente.

Pegue todo o material e vá ao local pertencente ao orixá do seu inimigo. Ex.: mato, praia, mar, cachoeira, encruzilhada, pedreira etc. Ao chegar, salve todos os orixás pertencentes ao mesmo e peça licença para arriar o trabalho.

Faça um buraco onde caiba tudo e forre com algodão. Coloque o boneco representando o seu inimigo deitado com a frente para baixo e as costas para cima. Coloque o papel com o nome e endereço do seu inimigo com o boneco. Coloque a oferenda do orixá do seu inimigo em cima do boneco e do papel, coloque um pouco de mel por cima de tudo e forre novamente tapando tudo com algodão. Depois, coloque a oferenda do orixá feitor do seu inimigo por cima de tudo, coloque um pouco de mel e cubra tudo novamente com algodão. Para encerrar, coloque o pano preto por cima de tudo, ou seja, tapando tudo, e tape bem o buraco com terra. Acenda as velas dos dois orixás em cima do buraco e deixe a caixa de fósforos semiaberta.

Observação: Esse trabalho é para quebrar as forças do seu inimigo para que não tenha efeito qualquer tipo de trabalho que lhe seja enviado por ele. Durante todo o ritual do trabalho converse com o orixá dele e do seu feitor dizendo que deseja principalmente justiça.

Caso não saiba qual é o orixá feitor do seu inimigo, troque essa oferenda por uma de Oxalá e a vela do mesmo por uma branca.

Amalá para saúde de crianças

Material necessário:

- ► Alguns doces sortidos
- ► Alguns brinquedos sortidos (usados em balão surpresa)
- ► Farinha de milho grossa
- ► Farinha de mandioca
- ► 1 gamela média (bacia ou alguidar)
- ► Mostarda ou caruru (folha)
- ► 1 maçã
- ► 6 bananas
- ► 400 gramas de carne de peito com granito
- ► Mel
- ► 6 velas brancas em cima e vermelho em baixo
- ► 1 folha de papel de seda branco
- ► 1 folha de papel de seda vermelho

Modo de fazer:

Refogue a carne de peito picada no molho de tomate, cebola, pimentão e alho. Depois acrescente a mostarda e cozinhe só no bafo.

Faça um pirão com a farinha de milho e farinha de mandioca misturadas, temperadas somente com uma colher de mel. Quando o pirão estiver pronto, misture bem o refogado de carne com a mostarda. Depois vire o pirão na gamela, que já deve estar enfeitada, com os papéis de seda vermelho embaixo e branco em cima. Crave as seis bananas em volta do pirão, corte a maçã em seis pedaços e crave também na volta intercalando uma banana e um pedaço de maçã. Distribua os doces e os brinquedos em cima do pirão enfeitando-o.

Coloque duas colheres de mel por cima de tudo e deixe esfriar. Leve para a frente do altar dos Orixás, e passe bem no corpo da criança e depois as velas. Deixe por três dias arriado na frente do altar. Acenda as velas longe uma da outra, ou troque por uma de sete dias na mesma cor. Faça seus pedidos a Xangô Aganjú Ibeje, principalmente na hora que estiver passando no corpo da criança.

Passado esse tempo, despache num lugar adequado a Xangô ou numa praça ou jardim.

Se não possuir um altar dos Orixás, faça tudo igual e leve direto num dos locais citados anteriormente e deixe as velas acesas a fim de reforçar os pedidos.

Se quiser, você também pode colocar o nome, data de nascimento, signo e endereço completo da criança escrito num papel na gamela antes de colocar o pirão.

Para acalmar uma pessoa nervosa, ansiosa, agitada

Material necessário:

- ► 8 copos de leite ou palmas brancas
- ► 8 acaçás feitos de maisena, (amido de milho), de tamanho médio
- ► 8 cocadas
- ► 1 caixa de algodão
- ► 1 bandeja média
- ► Mel
- ► Oito velas brancas

Modo de fazer:

Leve ao fogo a maisena e água até formar um mingau grosso, espere esfriar e corte os acaçás.

Forre a bandeja com algodão, coloque os copos de leite na volta da bandeja e por dentro coloque os acaçás e as cocadas. Coloque um pouco de mel por cima de tudo.

Passe a bandeja e as velas no corpo da pessoa pedindo a Oxalá paz, saúde e tranquilidade.

Arrie no altar dos Orixás, acenda uma vela e as outras intercaladas, uma a cada dia. Bata sineta e reforce os pedidos.

Deixe arriado oito dias e depois despache na praia, rio, mar ou riacho. Se não puder passar no corpo da pessoa, use uma peça de roupa, exceto preta.

Se quiser, também pode colocar o nome e endereço completo da pessoa escrito num papel na bandeja embaixo de tudo.

Se não tiver altar dos Orixás em casa, faça tudo igual e leve direto para um dos pontos de força da entidade citados anteriormente.

Observação: Os acaçás nesse trabalho não vão enrolados em nenhuma espécie de folha como é de costume. E você pode trocar as velas por uma de sete dias na mesma cor. No entanto, todos os dias, enquanto a vela estiver queimando, faça uma chamada aos Orixás reforçando os pedidos.

Calçar uma pessoa que esteja em decadência financeira

Material necessário:

- ▶ 32 acaçás feitos de maisena (amido de milho), de tamanho médio
- ▶ 1 caixa de algodão
- ▶ 1 bandeja média
- ▶ 1 boneco ou boneca, se for o caso de pano branco
- ▶ 32 moedas quaisquer
- ▶ Mel
- ▶ 32 velas brancas

Modo de fazer:

Leve ao fogo a maisena e a água até formar um mingau grosso, espere esfriar e corte os acaçás.

Forre a bandeja com algodão, coloque um papel com o nome e endereço completo da pessoa e da empresa se for o caso. Coloque o boneco(a) em cima do papel e bem no meio da bandeja. Cerque toda a volta do boneco(a) com os acaçás, crave uma moeda em cada acaçá, coloque um pouco de mel por cima de tudo.

Passe a bandeja e as velas no corpo da pessoa pedindo a Oxalá que segure tudo que a pessoa tem de bens materiais para que ela não perca mais nada, e que a ajude a se recuperar o mais rápido possível.

Arrie no altar dos Orixás, acenda quatro velas em volta da bandeja e as outras intercaladas, quatro a cada dia da mesma forma. Bata sineta e reforce os pedidos.

Deixe arriado oito dias e depois dê para a pessoa levar e enterrar em seu pátio ou despache na praia, rio, mar ou riacho.

Se não tiver altar dos Orixás em casa, faça tudo igual e leve direto para a praia, rio, mar ou riacho.

Observação: Os acaçás nesse trabalho não vão enrolados em nenhuma espécie de folha como é de costume.

Se quiser reforçar ainda mais o trabalho, coloque também um olho de Oxalá como foi ensinado anteriormente de cada lado do boneco(a).

Para o amor

Material necessário:

- ▶ 1 quartinha amarela média
- ▶ 16 corações de galinha
- ▶ 16 espinhos de laranjeira
- ▶ Esparadrapo
- ▶ Mel
- ▶ Canjica amarela
- ▶ Perfume
- ▶ 1 vela de sete dias amarela

Modo de fazer:

Cozinhe a canjica e escorra bem o caldo deixando só os grãos. Escreva em oito pedaços de papel pequenos os nomes do casal, um por cima do outro. Leve os corações e enxugue num pano. Depois passe mel nas mãos e passe as mãos nos corações como se os estivesse temperando.

Feito isso, junte dois corações com um dos papéis com os nomes do casal no meio deles. Crave um espinho num coração atravessando o papel e indo de encontro ao outro coração. Pegue outro espinho e faça a mesma coisa cravando agora no outro coração, atravessando o papel e indo de encontro ao outro. Ficarão dois corações com o papel no meio e presos pelos espinhos.

Faça isso com os outros corações, papéis e espinhos, ficando um total de oito pares.

Coloque um pouco de canjica na quartinha, coloque os corações dentro, coloque um pouco de mel e perfume e encha a quartinha com a canjica, deixando um espaço para colocar novamente um pouco de mel e perfume.

Tampe a quartinha e lacre bem a tampa com o esparadrapo. Arrie no altar dos Orixás, acenda a vela, bata sineta e faça seu pedido a Orixá Oxum.

Após queimar toda a vela, arrede para um canto no altar dos Orixás e deixe ali por mais um bom tempo, depois despache enterrando numa praia, rio, mar ou riacho.

Se não possui altar dos Orixás em casa, faça tudo igual e leve para um dos pontos de força da Orixá Oxum citados anteriormente, enterre bem e acenda a vela em cima.

Observação: Você pode colocar a sobra da canjica numa bandeja forrada com papel de seda amarelo ou folhas de mamoneiro como oferenda. Caso não consiga os espinhos de laranjeira, prenda um coração no outro com o papel no meio usando uma agulha e linha de costura amarela. O resto segue igual.

Segurança de trabalho

Material necessário:

- ► 1 quartinha vermelha média
- ► 77 cm de corrente de aço não muito fina 1 cadeado pequeno que caiba nos elos da corrente
- ► Esparadrapo
- ► Milho torrado
- ► Pipoca
- ► 7 moedas quaisquer
- ► 7 balas de mel
- ► Mel
- ► Óleo de dendê
- ► 1 pedaço de imã
- ► Um pouquinho de terra do local onde trabalha
- ► 7 velas vermelhas

Modo de fazer:

Pegue um papel e escreva o nome completo do proprietário e patrões da empresa onde você trabalha. Escreva também o nome da empresa, endereço, CNPJ, Inscrição Estadual, cidade, estado.

Coloque a terra dentro da quartinha, o papel com as informações, o imã, as moedas, as balas sem os papéis e complete com um pouco de milho torrado, pipoca e por último uma pequena quantidade de mel e óleo de dendê. Empurre o milho e a pipoca com o dedo para que fique bem cheia.

Tampe a quartinha e lacre bem a tampa com o esparadrapo.

Passe essa quartinha, já lacrada, no corpo da pessoa que será beneficiada com o trabalho, pedindo que o Orixá Bará segure ela nesse trabalho, e por último passe as velas reforçando o pedido.

Feito tudo isso, agora enrole toda a corrente no pescoço da quartinha, e prenda as pontas com o cadeado, feche-o e deixe a chave nele ou ache uma maneira de prender junto na corrente. Depois de fechado o cadeado não pode abrir mais sob pena de ter que fazer tudo de novo. E na hora de enterrar a chave, ele vai junto.

Arrie no assentamento do Orixá Bará ou no altar dos orixás, acenda uma das velas, bata sineta e faça novamente o pedido. As outras velas acenda uma por dia repetindo a chamada e o pedido.

Se preferir troque a velas por uma de sete dias na mesma cor. Passado esse tempo você pode dar para a pessoa levar e enterrar em seu pátio ou numa encruzilhada de terra, bem enterrado, podendo também enterrar no pátio do local que foi feito o trabalho.

Se não tiver altar dos Orixás em casa faça tudo igual e leve direto numa encruzilhada de terra, enterre bem e acenda as velas em cima. Sempre chamando e pedindo o que deseja ao Orixá Bará.

Observação: Se quiser, você pode manter essa segurança no altar dos Orixás e renová-la a cada ano. Abra o cadeado, tire a corrente, abra a quartinha, limpe-a e faça tudo de novo usando a mesma quartinha, chave, cadeado e corrente. O resto tem que ser novo.

Para levantar uma pessoa material e espiritualmente

Material necessário:

- ► 1 mamadeira de leite nova
- ► 1 caixa de fósforos
- ► 2 velas brancas
- ► Leite
- ► Mel

Modo de fazer:

Coloque um terço de mel na mamadeira e complete com o leite, chacoalhe bem para misturar o mel e o leite e certifique-se de que o bico da mamadeira esteja furado, caso contrário, fure-o.

Escolha uma terça-feira, pegue a mamadeira já com o leite adoçado com mel, as velas e o fósforos e vá a um cemitério de preferência às 6h, 10h, 12h, 16h ou 18h.

Ao chegar ao local, acenda uma vela no portão do cemitério pedindo licença a todos os Orixás, entidades e guardiões do cemitério para realizar o trabalho.

Depois, procure o anjo de asas mais alto, maior e mais bonito que tiver no cemitério ou em algum túmulo (anjo de asas é aquela imagem de gesso ou cimento que existe em todos os cemitérios, na maioria das vezes em cima do túmulo). Peça licença ao dono do túmulo se for o caso, passe a mamadeira de leite no corpo e coloque nos pés do anjo. Faça o mesmo com a vela e acenda aos pés do anjo ao lado da mamadeira deixando a caixa de fósforos semiaberta.

Reze um pai nosso de Umbanda ou Católico e faça uma prece direcionada ao Orixá Xangô Aganjú Deí, pedindo que ele interceda por você perante o grande Pai Oxalá para que você possa vencer todas as suas dificuldades materiais e espirituais, e que com suas asas ele possa levantá-lo em todos os sentidos da vida e que a partir desse momento você possa ser um vencedor.

Observação: Esse trabalho e o próximo que ensinarei parecem simples mas são poderosos, já consegui milagres com eles. Fique à vontade para fazer a prece e o pedido do seu jeito e não se esqueça de se descarregar quando chegar em casa.

Curar uma criança de uma doença grave

Material necessário:

- ▶ 1 vela de Xangô branca em cima e vermelha embaixo
- ▶ 1 vela de Iansã vermelha em cima e branca embaixo
- ▶ 1 vela de Xapanã vermelha e preta ou lilás
- ▶ 1 vela branca
- ▶ 1 caixa de fósforos

Modo de fazer:

Vá com a criança ao cemitério numa terça-feira. Chegando ao local, primeiro saúde todos os guardiões do cemitério, depois acenda no portão de entrada a vela de Xangô, Iansã e Xapanã pedindo tudo de bom para a criança, principalmente saúde e licença para realizar o trabalho. Depois, acenda a vela branca, pegue a criança no colo e atravesse o cemitério com a vela acesa na mão pedindo a cura e bastante saúde para a criança. Peça aos Orixás, guias, protetores, entidades e também a todos os espíritos bons que ali se encontram, espíritos de médiuns, católicos, umbandistas, budistas, médicos, espíritas e espiritualistas, enfim peça a todas as almas boas que ali se encontram, que fique ali toda a doença da criança e que ela chegue em casa curada.

Se for possível, depois de caminhar com a criança no colo e fazer o pedido, saia por outro portão deixando a vela acesa que carrega na mão no portão por onde sair. Se o cemitério tiver só um portão, entre, faça a caminhada e saia por onde entrou, deixando a vela ali acesa no lado contrário das velas de Xangô, Iansã, Xapanã. Não use roupa preta na hora de realizar o trabalho nem a criança e não se esqueça de você e a criança se descarregar com um banho de ervas quando chegar em casa, que já deve estar pronto para quando chegarem.

Se alguma outra pessoa participar do ritual (ex.: mãe, pai, irmã), também deve se descarregar. Quem segura a criança no colo é quem realiza o ritual, se a criança não for mais de colo ou até mesmo pesada, segure-a pela mão sem soltar durante todo o trajeto.

Observação: Se for possível para terminar bem esse trabalho e segurar a criança desse dia em diante, antes de sair de casa deixe um amalá que foi ensinado anteriormente (**Amalá para saúde de crianças**) para passar na criança depois do banho de descarga.

O modo de fazer, passar, velar, arriar, despachar é igual ao que foi ensinado anteriormente, você só deve acrescentar bem no meio do amalá, cravada no pirão, uma mamadeira de leite com mel e um papel escrito os dados possíveis da criança (ex.: data de nascimento, dia, hora, endereço completo, cidade, estado, nome completo etc.). Certifique-se de que o bico da mamadeira esteja furado, caso contrário fure-o, e o resto segue igual, assim como o Orixá que será destinado o amalá, Xangô Aganjú Ibeje.

Observação: Esses trabalhos podem ser praticados por qualquer tipo de pessoa, independente de religião, desde que acredite e tenha fé nos Orixás.

Se você já faz parte da Religião Africana, seja qual for a sua nação, e tem um altar dos orixás (assentamento, peji, quarto de santo etc.) em casa, faça como foi ensinado anteriormente. Caso contrário, faça o trabalho ou oferenda e leve direto num ponto de força da natureza, conforme o Orixá a que é destinado (ex.: mato, rio, cachoeira, praia, mar etc.).

Boa sorte!

Recomendações finais

- Leia e releia este livro quantas vezes for necessário até aprender bem antes de realizar qualquer um desses rituais. Apesar de serem todos parecidos, não o são; e um item apenas trocado ou colocado mal pode causar um efeito contrário, em vez de de ajudar pode prejudicar.

- Caso não entenda bem ou tenha dúvida em algum dos rituais, procure alguém que entenda do assunto para orientá-lo, ou não o faça até tirar suas dúvidas.

- Não faça nenhum ritual de apetés, ecós, calços, olhos e trabalhos aos Orixás:
  - após ter ido ao cemitério ou velório;
  - quando estiver em período menstrual;
  - quando tiver ingerido bebida alcoólica;
  - se estiver nervoso, agitado ou até mesmo se tiver discutido ou brigado com alguém.

- Evite relações sexuais pelo menos 24 horas antes de qualquer ritual ou trabalho aos Orixás.

- Procure não fazer nenhum ritual de apetés, ecós, calços, olhos e trabalhos aos Orixás usando roupa preta.

- ► Não ofereça nenhum apetés, calços e olhos aos Orixás enquanto ainda estiver quente. Isso vale também para oferendas e trabalhos.

- ► Sempre que fizer um ritual na praia, rio, mata, cachoeira, cemitério, encruzilhada, saude os Orixás que ali residem e peça licença para realizar o ritual a determinado Orixá.

- ► Cuide da natureza que é o hábitat dos Orixás como se fosse a sua casa.

- ► Todo ritual ou trabalho realizado com os Orixás para a saúde de alguma pessoa ou criança não exime o paciente de cuidados médicos. Se estiver sob cuidados, continue.

Outras publicações

EXU E SEUS ASSENTAMENTOS

Evandro Mendonça inspirado pelo Senhor Exu Marabô

Todos nós temos o nosso Exu individual. É ele quem executa as tarefas do nosso Orixá, abrindo e fechando tudo. É uma energia vital que não morre nunca, e ao ser potencializado aqui na Terra com assentamentos (ponto de força), passa a dirigir todos os caminhos de cada um de nós, procurando sempre destrancar e abrir o que estive fechado ou trancado.

Formato: 16 x 23 cm – 176 páginas

POMBA-GIRA E SEUS ASSENTAMENTOS

Evandro Mendonça inspirado pela Senhora Pomba-Gira Maria Padilha

Pomba-Gira é uma energia poderosa e fortíssima. Atua em tudo e em todos, dia e noite. E as suas sete ponteiras colocadas no assentamento com as pontas para cima representam os sete caminhos da mulher. Juntas às outras ferramentas, ervas, sangue, se potencializam tornando os caminhos mais seguros de êxitos. Hoje é uma das entidades mais cultuadas dentro da religião de Umbanda. Vive na Terra, no meio das mulheres. Tanto que os pedidos e as ofertas das mulheres direcionadas à Pomba-Gira têm um retorno muito rápido, na maioria das vezes com sucesso absoluto.

Formato: 16 x 23 cm – 176 páginas

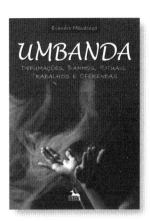

UMBANDA – DEFUMAÇÕES, BANHOS, RITUAIS, TRABALHOS E OFERENDAS

Evandro Mendonça

Rica em detalhes, a obra oferece ao leitor as minúcias da prática dos rituais, dos trabalhos e das oferendas que podem mudar definitivamente a vida de cada um de nós. Oferece também os segredos da defumação, assim como os da prática de banhos. Uma obra fundamental para o umbandista e para qualquer leitor que se interesse pelo universo do sagrado. Um livro necessário e essencialmente sério, escrito com fé, amor e dedicação.

Formato: 16 x 23 cm – 208 páginas

PRETO-VELHO E SEUS ENCANTOS

Evandro Mendonça inspirado pelo Africano São Cipriano

Os Pretos-Velhos têm origens africana, ou seja: nos negros escravos contrabandeados para o Brasil, que são hoje espíritos que compõe as linhas africanas e linhas das almas na Umbanda.

São almas desencarnadas de negros que foram trazidos para o Brasil como escravos, e batizados na igreja católica com um nome brasileiro. Hoje incorporam nos seus médiuns com a intenção de ajudar as almas das pessoas ainda encarnadas na terra.

A obra aqui apresentada oferece ao leitor preces, benzimentos e simpatias que oferecidas aos Pretos-Velhos sempre darão um resultado positivo e satisfatório.

Formato: 16 x 23 cm – 176 páginas

Contato com autor:

evandrorosul@bol.com.br

Distribuição exclusiva

www.aquarolibooks.com.br